13歳からのイスラーム

長沢栄治 監修

かもがわ出版

これが、本書『13歳《さい》からのイスラーム』で私たちが訴《うった》えたいことです。

イスラームという宗教を信じる人、イスラーム教徒をムスリムと言いますが、いまやその人口は約18億人で、世界人口の約20〜25%を占《し》めています。その数はますます増えつつあり、世界のいたるところに広がって住んでいます。ですからムスリムの人たちと、いまや日本のなかで出会うのもごく普通《ふつう》のこととなっています。観光客や留学生、外国から働きに来る人たちだけでなく、日本人のなかでもムスリムは増えています。ヴェール（スカーフ）をかぶったり、ひげを生やしたりしていなくても、ムスリムの人たちは同じ電車やバスに乗ってすぐ隣《となり》に座っているかもしれません。

本書では、イスラーム君と友だちになるために学んでほしいことをテーマごとにまとめて紹介《しょうかい》していきます。いつの日かイスラーム君と出会うとき、この本で読んだことを思い出しながら、柔《やわ》らかな笑顔で握手《あくしゅ》をしてほしいと願っています。

これまで「イスラーム君」という呼び方で、イスラームをみなさんが世界で出会う友だちにたとえて話してきました。しかし、イスラームという名前のムスリムの男の子もいます。私の息子がカイロ日本人学校の小学部の1年生だったとき、イスラーム君という同級生がいました。イスラーム君は、いまは大人になって、エジプトで元気にくらしていることでしょう。

監修者《かんしゅうしゃ》　長沢栄治《ながさわえいじ》

もくじ

はじめに

第1部　イスラームの教え

第1章　イスラームとムハンマド……8
❶イスラームとは？　8
❷世界のムスリム人口は？　10
❸ムハンマドってだれ？　14
❹ムハンマドってどんな人？　16

第2章　コーランを知ろう……22
❶コーランってなに？　22
❷コーランの主題（1）―神のこと　26
❸コーランの主題（2）―現世《げんせ》のできごと　28
❹コーランの主題（3）―来世《らいせ》のできごと　30

第3章　イスラームの決まり……34
❶人間に対する命令（1）―礼拝《れいはい》　34
❷人間に対する命令（2）―断食《だんじき》　38
❸人間に対する命令（3）―装《よそお》い　42
❹人間に対する命令（4）―男女のちがい　44

第2部　イスラームのくらし

第1章　イスラームの生活……50

❶ 世界に広がるイスラーム　50
❷ ムスリムはなにを食べているの？　51
❸ ムスリムはなにを着ているの？　54

第2章　さまざまな子どもたちのくらし……58

❶ ムスリムの一生―エジプトの場合　58
❷ エジプトの一日、そして一年　62
❸ インドネシアの一日、そして一年　69
❹ 日本の一日、そして一年　74
❺ アメリカ合衆国の一日、そして一年　80

第3部　イスラームと世界

第1章　イスラームの広がり……88

❶ 世界のなかのイスラーム　88
❷ イスラームの広がり方　91
❸ 聖者信仰《せいじゃしんこう》ってなに？　94
❹ 枝分かれするムスリム　97
❺ イスラーム法の成り立ち　100
❻ さまざまな巡礼《じゅんれい》のかたちとその役割　102

第2章　イスラームと他者……105
❶ イスラーム社会を支えるしくみ 105
❷ ムスリム以外の人びととの関係 108
❸ アラビア語─イスラーム社会の共通語 111
第3章　イスラームと世界……115
❶ イスラーム社会と科学の発展 115
❷ イスラーム社会とヨーロッパ 118
❸ イスラーム社会と日本 121

第4部　イスラームのいま

第1章　元気を取りもどしたイスラーム……126
❶ イスラーム復興ってなに？ 126
❷ 成長するイスラーム経済 129
❸ イスラーム金融《きんゆう》ってなに？ ─利子なし銀行の登場 132
第2章　女性が切り開くイスラームの未来……136
❶ ヴェールを再びまとい始めた女性たち 136
❷ 4人のインドネシア女性に聞く 138
❸ ムスリム・ファッションとハラール化粧品《けしょうひん》 141
❹ 変わる男女の関係 144

第3章　試練に立ち向かうイスラーム……148

❶なぜ中東で戦争やテロが多いの？　148　❷パレスチナ問題ってなに？　152
❸増え続けるムスリムの難民　159
❹共生をめざして──「みんなちがって、みんないい」　163

《もっとくわしく》

アラビア語とイスラーム　13　／ムハンマドという名前　15　／使徒の代理人としてのカリフ　25
コーランに登場する「旧約聖書」の預言者　31　／メッカからの移住（ヒジュラ）　40
スンナとハディース　43　／アバーヤ姿の人形「フォッラ」　57　／エジプトの祭日　67
インドネシアの祭日　73　／アメリカ合衆国の1年　84　／ユダヤ教ってなに？　90
十字軍による被害《ひがい》　93　／アリー・シーア派初代イマーム　99　／美しいアラビア文字、アラビア語の世界　113
キリスト教徒を救ったムスリムの名士　119　／サウジの少女はあきらめない！　147
テロに屈《くっ》しない少女たち　151　／漫画《まんが》──日本人とムスリムの女子留学生の交流　161

＊参考文献《ぶんけん》・図版（写真）出典
＊さくいん

第1部

★

イスラームの教え

第1章

イスラームとムハンマド

❶ イスラームとは？

◆「イスラーム」の意味

みなさんは、イスラームという言葉を聞いたことがありますか。

「イスラムやイスラム教という言葉ならテレビや新聞で見聞きしたことがある」「教科書で、イスラム教を国の宗教にしているサウジアラビアのことを学んだ」という人もいるかもしれませんね。実は、イスラームも、イスラムも、イスラム教もみな同じ意味なのです。どれを使ってもかまわないのですが、この本ではもともとの発音にいちばん近い「**イスラーム**」を使っていきます。

イスラームと呼ばれるものが人びとのあいだに広がりはじめたのは、610年ごろのアラビア半島でのこと。**ムハンマド**という人が、**神からの啓示**《けいじ》（お告げ）を受けたと知られた後でした。当初、「神からの啓示」という話を信じたのはほんの数人だけでした。それが1400年ほどのあいだに、十数億もの人が信じるようになったのです。

では、「イスラーム」とはいったいどのような意味なのでしょうか。まずは次の三択問題に挑戦してみてください。

Q 「イスラーム」ってなにを意味する言葉？

① 神を拝《おが》むこと
② 神に自分の身をゆだねること
③ 神のことを考えること

イスラームが生まれたのは、西アジアの乾燥《かんそう》地帯です。ラクダやヒツジの遊牧でおもに生計を立てていたアラビア半島の人びとは、ラクダ飼いやヒツジ飼いに自分たちが所有する大切な家畜を預けて放牧してもらっていました。この行為《こうい》が「イスラーム」でした。イスラームとはアラビア語の言葉で、もともとの意味は、**大切なものを他人にゆだねること**です。

610年ごろにこの地で、ムハンマドが神の預言者（15ページ）として知られるようになると、神に自分の身をゆだねることを意味するためにイスラームという言葉が使われるようになりました。したがって、正解は②です。なおイスラームでは、神のことを**アッラー**（13ページ）といいます。

◆神に身をゆだねる人＝ムスリム

社会科の教科書では、イスラーム教徒のことを**ムスリム**と説明しています。ムスリムとは、イスラームをおこなう人、つまり「**神に身をゆだねる人**」のことです。しかし、神に自分の身をゆだねるとは、いったいどういうことなのでしょうか。ムスリムのなかには、どんな人びとがいて、日々、なにを考え、なにをしてくらしているのでしょうか。本書では、イスラームの教えだけでなく、こうしたムスリムの日常生活についてもくわしく紹介《しょうかい》します。

❷ 世界のムスリム人口は？

◆イスラームを信仰している人々

現在の世界人口は、約78億人（２０２０年）です。このうちムスリムは、どれくらいを占《し》めているのでしょうか。ちなみに、キリスト教の人口は、約23億人と推定されています。

Q 世界のムスリムの人口は、どれくらい？

① 約8億人	② 約18億人	③ 約34億人

ムスリム人口比と主な国のムスリム人口

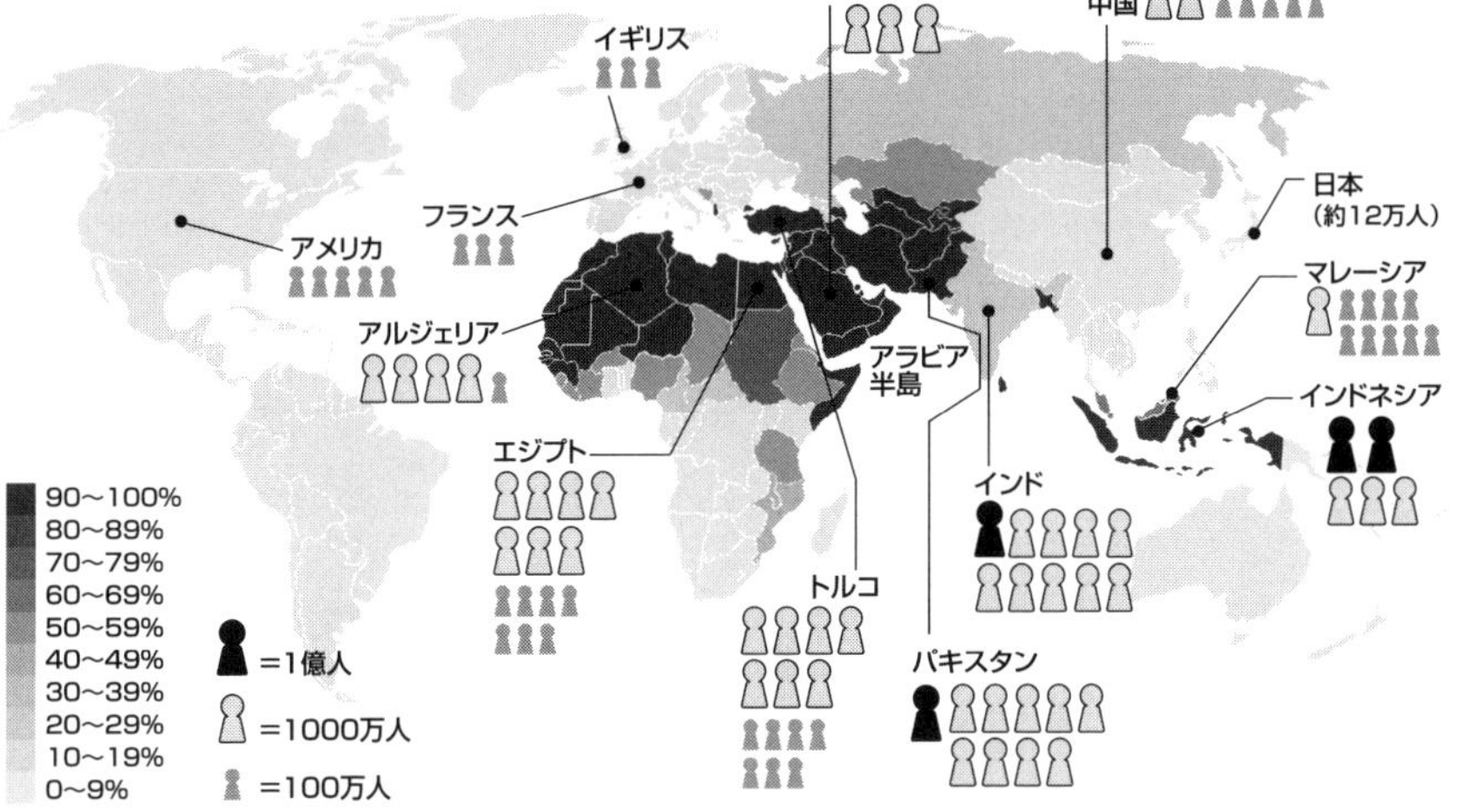

現在、世界人口に占めるムスリムの割合は、20%とも25%とも言われています。したがって、正解は②です。国単位で見たときに、ムスリムの占める割合が高いのは、**西アジアや中東、北アフリカ**ですが、人口が多いのは、インドネシアを中心とした東南アジア地域とインドやパキスタンのある南アジア地域です。インドネシアには約2億3千万人、インドとパキスタンには、それぞれ約1億9千万人のムスリムがいると言われています（2018年時点）。

◆ムスリムの定義

気をつけなければならないのは、どういった人を「ムスリム」と呼ぶのかです。ムスリムの基準は人によってさまざまです。たとえば、次のような人がムスリムと呼ばれています。

○信仰《しんこう》告白をしたことがある人
○ムスリムの家系に生まれた人
○神に身をゆだねようと努力する人

「**信仰告白**」とは、イスラームの基本的な考え方である「**アッラーの他に神はいない、ムハンマドはアッラーの使徒《しと》なり**」について「私はそれを証言する」と唱えることです。これはムスリムが必ずおこなわなければならない義務行為《こうい》の一つとされています。そこで、これをおこなえば、その人はムスリムであると考える人がいるのです。なお、「使徒」とは神から遣《つか》わされた人のことです（16ページ）。

《もっとくわしく》

アラビア語とイスラーム

●アラビア語とは

アラビア語は、アラビア半島やその周辺の国ぐにで使われている言語です。英語や中国語などとちがい、**文字を右から左に書く**のが大きな特徴《とくちょう》です。islām（イスラーム）の前には、定冠詞《ていかんし》（英語の the に相当するもの）の al をつけます。

●成り立ち

アラビア語の単語は、多くの場合、**3つの子音《しいん》**（三語根《ごこん》）から成り立っています。意味のつながりがあるいろいろな言葉は、その組み合わせによって、できていきます。たとえば、イスラームという言葉（islām）の基本になる子音は s と l と m。この3つの前に「〜の人」という意味をつくる m の文字をつけると、ムスリム（muslim）という言葉になるのです。

s と l と m の三語根を使った単語には、他に、「平和」や「安らぎ」を意味するサラーム（salām）があります。この言葉は現在、ムスリムのあいだで頻繁《ひんぱん》に聞かれる挨拶《あいさつ》「**アッサラーム・アライクム（a-ssalām alaykum／平安があなた方の上にありますように)**」にもふくまれています。

●アッラーとは

「**アッラー**」はアラビア語で他に類するもののない、「**唯一《ゆいいつ》の神**」(英語の The God に相当) を意味します。神を意味する「イラーフ」ilāh の前に定冠詞「アル」al がついてできた単語とも言われています。

また、生まれによって決まるとされる場合もあります。東南アジアや中東の国ぐにでは、身分証明書やパスポートに、性別や生年月日とともに、宗教を記入する欄《らん》があります。そうしたとき、多くは、父親の宗教が子どもの宗教になります。

一方で、信仰告白や生まれた環境《かんきょう》だけではムスリムにはなれないと主張する人もいます。その場合、ムスリムとは、みずからの意志や行動によって積極的に「神に身をゆだねる人」ということになります。

❸ ムハンマドってだれ？

◆イスラームの神と預言者

ここまで**ムハンマド**という名前が何度か出てきました。この「ムハンマド」って、だれのことでしょうか。

Q　ムハンマドとは、だれのこと？

① 神　② イスラームの創始者　③ 最後の預言者

ムスリムにとって神は唯一《ゆいいつ》で、世界を創造し統治する、他にはない重要な存在です。名前を持つ一人の人間ではありません。だから①は不正解。では、ムハンマドとはイスラームの創始者でしょうか。それとも最後の預言者でしょうか。

預言者とは神の言葉を預かった人のことです。神の言葉は、ふつうの人間には聞くことができず、神が選んだ一部の人にだけ聞こえると考えられています。そうした人びとが預言者（アラビア語では「ナビー」）と呼ばれています。

イスラームで最初の預言者として知られるのは、神が一番はじめに創った人間アーダム（アダム）です。旧約聖書にある「アダムとイブの物語」のことを聞いたことがある人もいるでしょう。同じく、旧約聖書に登場するヌーフ（ノア）や一神教を広めたイブラーヒーム（アブラハム）、ユダヤ教を広めたムーサー（モーセ）、キリスト教の始祖となったイーサー（イエス・キリスト）などが預言者となりました。

《もっとくわしく》

ムハンマドという名前

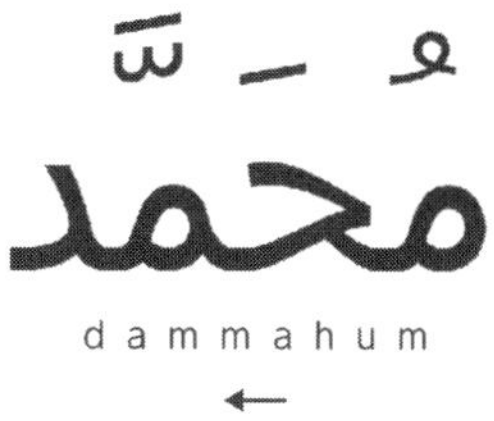

「ムハンマド」とはアラビア語で「**称賛《しょうさん》される者**」という意味の名前です。右は、アラビア語のムハンマド。三語根はｈとｍとｄ。この三つの前に「〜の人」という意味をつくるｍが置かれます。

「ムハンマド」は最後の預言者の名となったことから、現在に至るまで世界各地のムスリムのあいだで**もっとも人気のある男性の名前**です。ムスリムの男の子たちが集まっているところで、「ムハンマド！」と呼びかけてみると、必ず何人かが「なに？」と答えるはずです。

このようにイスラームは、ユダヤ教やキリスト教と「同じ神に由来する」教えであると考えられています。そして、**神が人間に遣《つか》わした最後の預言者、「預言者の封印《ふういん》」**と呼ばれているのがムハンマドという人です。ですから、正解は③。

◆いろいろな預言者

イスラームの啓典『コーラン』には、25人の預言者の名前があがっていますが、アーダムからムハンマドまでのあいだに、10万人以上の預言者がいたという説もあります。そのなかには、神からの言葉を預かるだけでなく、それを人びとに伝え、神の教えを広めるために遣わされた使徒《しと》（ラスール）と呼ばれる人びともふくまれています。ムハンマドも使徒の一人です。ただし、ムハンマドは唯一無二《ゆいいつむに》の特別な存在であり、ほかの預言者や使徒と同列に語られることはありません。ムスリムのあいだで、ムハンマドは、最後の預言者であり、同時に最後の使徒であると考えられているからです。

❹ ムハンマドってどんな人？

◆ごく普通《ふつう》の商人

ムハンマドは、570年ごろ、アラビア半島の**メッカ**（アラビア語ではマッカ）で生まれました。当

●コーランに登場するおもな預言者たち

預言者名（聖書での名前）	特徴《とくちょう》・有名な逸話《いつわ》やできごとなど	預言者名（聖書での名前）	特徴・有名な逸話やできごとなど
アーダム（アダム）	神が最初に創った人間	**ムーサー（モーセ）**	イスラエルの民の指導者、神から「律法《りっぽう》の書」を授かった
ヌーフ（ノア）	箱舟《はこぶね》をつくって洪水《こうずい》を逃《のが》れた（➡ 31 ページ）	**ハールーン（アロン）**	ムーサーの兄、ムーサーの補佐役
イブラーヒーム（アブラハム）	一神教（神は唯一《ゆいいつ》であると説く教え）を広めた（➡ 31 ページ）	**ダーウード（ダビデ）**	イスラエル王国の王、神から「詩篇《しへん》」を授かった
ルート（ロト）	イブラーヒームの甥《おい》、遣《つか》わされた町が神に滅《ほろ》ぼされた	**スライマーン（ソロモン）**	ダーウードの息子、鳥や動物と話す能力をもつ
イスマーイール（イシュマエル）	イブラーヒームの息子、アラブ民族の祖先	**ユーヌス（ヨナ）**	大魚に飲みこまれた後、神に救済された
イスハーク（イサク）	イブラーヒームの息子、イスラエル民族の祖先	**ザカリーヤー**	イーサーの母マルヤム（マリヤ）の世話人
ヤアクーブ（ヤコブ）	イスハークの息子、12 人の子がイスラエルの支族をつくる	**ヤフヤー（ヨハネ）**	ザカリーヤーの息子、神より叡智《えいち》と愛情を授けられた
ユースフ（ヨセフ）	ヤアクーブの息子、誠実さと美しさで知られる（➡ 31 ページ）	**イーサー（イエス・キリスト）**	救世主、神から「福音書《ふくいんしょ》」を授かった
シュアイブ	マドヤンという町の民に遣わされたアラブ人の預言者	**ムハンマド**	預言者の封印《ふういん》

時のメッカは人口が1万人程度。クライシュ族という一族が支配していました。この一族出身のムハンマドは、生まれる直前に父親を、６歳《さい》で母親を、８歳で祖父を亡くし、伯父《おじ》のもとで成長しました。家柄《いえがら》はよいものの裕福《ゆうふく》ではなく、少年時代には牧畜の仕事を手伝い、成長すると伯父とともに商人として働きました。「**誠実な人**」という意味のアミーンというあだ名で知られていたと言われています。

25歳のとき、ムハンマドはハディージャと結婚《けっこん》しました。そのときハディージャは40歳、裕福で才覚のある商人でした。２人の夫に相次いで先立たれ、３度目の結婚相手がムハンマドだったのです。２人は子宝《こだから》にもめぐまれ、幸福な家庭生活を送っていたそうです。

◆不思議な体験

ムハンマドが預言者の自覚をもったのは、６１０年ごろだったと言われています。それは日本でいうと飛鳥《あすか》時代にあたり、聖徳太子（厩戸《うまやど》皇子）が十七条の憲法を制定するなど、推古《すいこ》天皇の政治を補佐していたころです。40歳にさしかかったムハンマドは、**預言（神の言葉を預かる）という不思議な体験**をするようになったのです。はじめは戸惑《とまど》いましたが、しだいに神の教えを周囲の人びとに伝えるようになりました。ムハンマドが預言者となったことを最初に信じたのは妻のハディージャでした。その後、一族や友人のあいだにも、彼が伝える神の教えに従う人びとが増えていきました。

◆ムハンマドってどんな人だったの？

ムハンマドの伝記を綴《つづ》った書物はたくさんありますが、いまに伝わるもっとも古いものの一つが、700年代の学者イブン・イスハークが著した『**ムハンマド伝**』です。そのなかには、ムハンマドが「一族の中で最も男らしく、性格が良く、血筋が貴く、人を護《まも》り、思慮《しりょ》深く、正直で、誠実で、人を汚《けが》す不品行や悪徳からは遠い、高潔で高貴」な人だったと書かれています。（注1）

ムハンマドの系譜

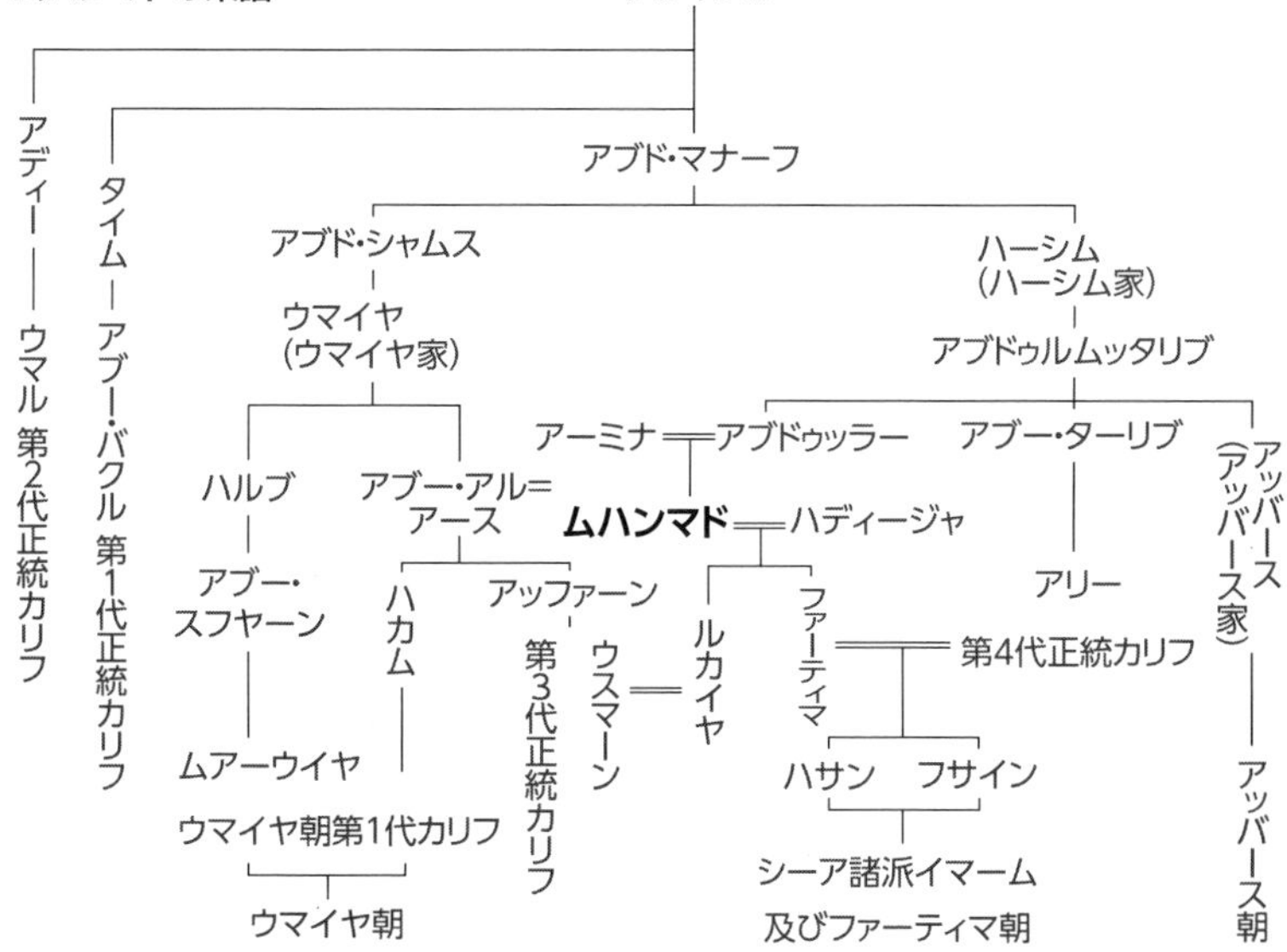

現代のエジプトの女性学者アーイシャ・アブドッラハマーンが書いた**『預言者の妻たち』**のなかには、妻ハディージャが見たムハンマドの姿が次のように描写《びょうしゃ》されています。

「……彼《かれ》は典型的なアラブであり、肌《はだ》の色は美しく、背は高すぎず低すぎず、頭は大きく額は広く、あごは長く、首は高く、胸は堂々として手足はたくましく、濃《こ》い豊かな頭髪《とうはつ》がおおい、黒い大きな瞳《ひとみ》が長いまつ毛の下で魅了《みりょう》するように輝《かがや》いている。話したり笑ったりするたびに白い歯があらわれて光り……ときおり歯を出して笑いころげる。」（注2）

◆たくさん描《えが》かれたムハンマド

ムハンマドを描いた絵画は数多く残っています。次のページの上の絵は、1400年代末のヘラート（現在のアフガニスタン西部）で、文学作品の挿絵《さしえ》に描かれたムハンマドです。ブラークと呼ばれる動物に乗って天上を訪れ、天使たちに囲まれています。

その一方、ムスリムのなかには、大切な預言者を一つのイメージに固定したくない、預言者の絵が崇拝《すうはい》の対象となってはならないなどと考えて、**ムハンマドを完全なかたちで描くことを好まない人**もいました。そこで、次のページの下の絵のように、ムハンマドの顔部分に白いヴェールが描かれることもありました。最近でも、そうした考えをもつムスリムに配慮《はいりょ》して、ムハンマドが登場する映画やテレビ番組では、その体が光や靄《もや》で表現されたり、画面に映されなかったり、姿を描かないための工夫《くふう》がこらされています。

（注１）イブン・イスハーク著、イブン・ヒシャーム編註、後藤明・医王秀行・高田康一・高野太輔訳『預言者ムハンマド伝』全４巻、岩波書店、２０１０‐１２年、第１巻、p．１７６）

（注２）アーイシャ・アブドッラハマーン著、徳増輝子訳『預言者の妻たち』日本サウディアラビア協会、１９７７年、pp．９～10）

第2章

コーランを知ろう

❶ コーランってなに？

◆コーランの作者

ユダヤ教やキリスト教では「聖書」が、仏教では「お経《きょう》」がそれぞれ重要な教えです。これと同じく、イスラームにも重要な教えがあります。それが**「コーラン」**です。では、このコーランの作者はだれでしょうか。

Q　コーランの作者はだれ？

① 神　② 天使　③ ムハンマド

くり返しになりますが、ムスリムにとって神は唯一《ゆいいつ》で、世界を創造し統治する、他にはない重要な存在です。ムハンマドは名前を持つ一人の人間です。そのムハンマドが神から授かった言葉は、のちに一冊の本にまとめられました。それがコーランです。「**朗誦《ろうしょう》されるもの（口に出して唱えるもの）**」という意味で、アラビア語では「**クルアーン**」といいます。コーランはすべて**アラビア語**で記され、全部で114章からなっています。それぞれの章はさらにいくつかの節に分けられます。3節だけのごく短い章もあれば、200節以上の長い章もあります。

では、コーランの作者はだれになるのでしょうか。ムスリムの考え方では、コーランは、神が預言者を通して人間にあたえた一冊の書物です。それに従えば、答えは①ということになります。

◆ムスリムの4つの啓典

神に由来する書物を**啓典《けいてん》**と呼びます。ムスリムにとっての啓典は全部で4つあります。1つめは紀元前1200年ごろの預言者ムーサー（モーセ）が授かったとされる「**律法《りっぽう》の書（トーラー）**」、2つめは紀元前900年ごろのダーウード（ダビデ）の「**詩篇《しへん》**」、3つめは紀元前後の預言者イーサー（イエス・キリスト）が授かった「**福音書《ふくいんしょ》**」です。600年ごろの預言者ムハンマドを通じてもたらされた4つめの啓典が「**コーラン**」です。みなさんのなかには、「あれ!? モーセはユダヤ教で、イエスはキリスト教じゃないの？」と疑問に思った方がいるかもしれません。前にも触《ふ》れましたが、イスラームとこれらの宗教はすべて一神教で強いつながりがあるのです。

なお、ここからはコーランの内容の解説になるので、先に第2部を読んでもよいでしょう。

◆神のお告げを書き留めたもの

さて、コーランははじめから現在のような書物の形になっていたのではありません。もともとは、ばらばらの短い**啓示**がムハンマドに伝えられたのでした。最初の啓示は、前章で説明したようにムハンマドが40歳《さい》のころに下されたと言われています。そのときのようすを伝える、こんな逸話《いつわ》があります。

ある日、ムハンマドは、メッカ郊外《こうがい》にあるヒラー山の洞窟《どうくつ》で瞑想《めいそう》にふけっていました。すると突然《とつぜん》、何者かが目の前にあらわれて、「よめ」と言いました。ムハンマドは、文字の読み書きができなかったため、「よめません」と答えました。

すると、その訪問者は、ムハンマドの首をおそろしく絞《し》め上げました。「よめ」「よめません」「よめ！」「よめません」。そんな押《お》し問答《もんどう》の末、ムハンマドは観念し、「よめ」という言葉を繰《く》り返しました。

すると、その訪問者は言いました。

「よめ、創造主であるあなたの主《しゅ》のお名前において。彼《かれ》は人間を血の塊《かたまり》からおつくりになった。」

▲最初に啓示を受けたときのムハンマド

これが最初にムハンマドが受け取った神の言葉でした。そして、その訪問者は、**啓示のなかだちをする天使、ジブリール（ガブリエル）**だったということが後にわかりました。

以来、ムハンマドは20年以上のあいだ、ジブリールを通じて、いろいろな瞬間《しゅんかん》に啓示を受け取り、それを周囲の人びとに伝えました。人びとは、その言葉を忘れないように、木片やラクダの骨、ナツメヤシの葉などに書き留めておいたそうです。神の言葉がすべて集められ一冊の本の形になったのは、ムハンマドの死後20年を経《へ》た650年ごろだったと言われています。

コーランのなかの言葉は、神がムハンマドに伝えた順番で並んでいるわけではありません。たとえば、「よめ」に始まる、最初の啓示は、コーランの96番目の章「血の塊《かたまり》章」に入っています（1、2節）。言葉の順番は、神の意図の通りにムハンマドが生前に指示していたと言われています。

《もっとくわしく》

使徒の代理人としてのカリフ

カリフとは、アラビア語では「ハリーファ」といい、**代理人や後継者という意味**です。使徒ムハンマド（右絵の上）の死後に、その代理人としてイスラームの信徒を束ねたのが、初代カリフのアブー・バクル（左）でした。その後、ウマル、アリー、ウスマーン（左から右へ）が続きました。この4人のことは「**正統カリフ**」と呼ばれることがあります。彼《かれ》らの時代（632–661年）はイスラームの歴史のなかで、ムハンマドの時代に次いでよい時期だったと言われています。

❷ コーランの主題（1）—神のこと

◆コーランの4つの主題

ムスリムの人びとにとって、コーランのなかにある言葉は、**すべて神に由来するもの**で、どれも大切なものです。そのなかにはいったいなにが書かれているのでしょうか。

コーランの主題は大きく分けて4つあります。1つめは「**神のこと**」。神とはどのような存在なのかが、コーランのさまざまな箇所《かしょ》で語られます。2つめは「**現世《げんせ》のできごと**」。この世界がどのように生まれたのか、天地創造や人間の誕生《たんじょう》、それから神の預言者たちや使徒《しと》たちにまつわるできごとについて語られます。3つめは「**来世《らいせ》のできごと**」。ここでは、現世には終わりの瞬間《しゅんかん》があり、その後来世が始まることが示されます。最後は、「**人間に対する神の命令**」です。そのなかには、礼拝《れいはい》や断食《だんじき》など宗教儀礼《ぎれい》にかかわる命令と、食事や装《よそお》い、家族や社会のあり方など生活にかかわる命令があります。

◆開始の章のなかの神

コーランのなかでも、多くの人びとにとってもっともなじみ深いのが、「**開始の章**」と名づけられた第1章です。7節からなるこの章は、**ムスリムが毎日の礼拝で必ず唱えるもの**です。礼拝を覚えたばかりの子どもたちでも、みんな知っている部分です。

1. 慈《いつく》しみ広く、情け深いアッラーのお名前において
▼ビスミッラーヒッ　ラフマーニッ　ラヒーム

2. アッラーよ、あなたを称賛《しょうさん》します、諸世界の主よ
▼アルハムドリッラーヒ　ラッビル　アーラミーン

3. 慈しみ広く、情け深いお方
▼アッラハマーニッ　ラヒーム

4. 審《さば》きの日をとり仕切るお方
▼マーリキ　ヤウミッディーン

5. わたしたちはあなたを崇《あが》め、あなたにこそ救いを求めます
▼イイヤーカ　ナアブドゥワ　イイヤーカ　ナスタイーン

6. わたしたちを正しい道へとお導きください
▼イフディナッ　スィラータル　ムスタキーム

7. あなたの怒《いか》りをこうむったり、道を踏《ふ》み外したりしない、あなたが恩寵《おんちょう》を授ける人びとの道へと
▼スィラータッ　ラズィーナ　アンアムタ
アライヒム　ガイリル　マグドゥービ
アライヒム　ワラッ　ダーリーン

世界のすべてを創り出したのは、この唯一神《ゆいいつしん》である。天地を創ったのも、人間を創ったのもそう。そして神は、この世のすべてのものに対して優《やさ》しく、良い行いには良い事柄《ことがら》で報いてくださる。ムスリムのあいだではそのように信じられています。

一方、神は厳しい顔も持っています。この世が終わるとき、神はすべての人の一生の行いを確め、一人ひとりが来世をどこで過ごすべきかを判断します。善行《ぜんこう》を多くした人は楽園のある天国へ、悪行のほうが多かった人は灼熱《しゃくねつ》の地獄へと送られます。

全能で、優《やさ》しく、厳しい神。そんな神を崇《あが》め、そんな神に救いを求めてムスリムは生きていく。この開始の章のメッセージは、コーランのなかでその後もくり返されています。

❸ コーランの主題（2）――現世《げんせ》のできごと

◆天地創造

天地や人類は、いつから、どうやって存在しているのでしょうか。コーランには、**神による天地創造に関する表現**がたびたび出てきます。たとえば、神が「あれ」と言っただけですべてのものがあらわれたという表現（2章117節）や《目に見える柱もなしに天を創り、地上にがっしりとした山を据《す》えつけてあなたたちの足元がぐらつかないようにし、そこにありとあらゆる動物を散らばせた》という言葉（31章10節）などがあります。

コーランには、神が最初の人間である**アーダムとその妻**を泥土《どろつち》からつくったとあります。神は2人にこう言いました。《アーダムよ、あなたとあなたの妻は楽園に住みなさい。そして、どこでも望むところで食べるがいい》。そのとき、一本の木についてだけ、こうつけ加えました。《ただ、この木に近づいてはならない》（7章19節）。

◆地上に降り立ったアーダム

コーランによると、神は人間を創造する前に、光から**天使**を、火から**悪魔**《あくま》を創りました。悪魔は人間が自分よりも神から大切にされていることに不満を抱《いだ》き、アーダムとその妻にこうささやきました。

《おまえたちがこの木に近づくことを主が禁じたのは他でもない、おまえたちが天使となるか、永遠に生きる者となるからだ》。2人は悪魔に欺《あざむ》かれ、神に禁じられた木の実を食べてしまいました。すると突然《とつぜん》、自分たちが裸《はだか》でいることを恥《は》じるようになりました。楽園の葉で体を覆《おお》い始めた2人を見て神は言いました。《私はあなたたちにその木を禁じ、悪魔はあなたたちの明白な敵だと言わなかったか》。2人は楽園を追放され、地上に住むよう

▲アーダムとその妻ハウアー

になりました（7章20〜25節）。

神の言葉を預かり、**地上に降り立ったアーダムは、最初の預言者**となりました。その後、次のページで紹介《しょうかい》しているヌーフやイブラーヒー、ユースフをはじめ、数多くの預言者があらわれました。コーランにはそれぞれの人物に関する物語が記されています。

❹ コーランの主題（3）——来世《らいせ》のできごと

◆現世《げんせ》のおわりと来世

コーランのなかでたびたび言われているのが、現世（この世）にはやがて最後の日がやってくるということです。その日は「**終末のとき**」と呼ばれます。それがいつなのかは明らかにはされていません。ただしコーランには、その日、あらゆる天変地異《てんぺんちい》が起こると書かれています。《そのとき、大地はぐらぐらと揺《ゆ》れ、山々は粉々にくずれ、ちりとなって吹《ふ》き散らされる》（56章4〜6節）。さらに、太陽の光は失われ、星々は流れ落ち、海はふつふつと煮《に》えたぎり（81章1〜6節）、人は皆《みな》、死に絶える（50章19節）とあります。

突然《とつぜん》、ラッパの音が鳴り響《ひび》きます。それを合図に、すべての死者が墓場や死に場所から甦《よみがえ》り、ぞろぞろと列をつくって、神の御前《みまえ》へと向かっていきます（50章44節）。これが「**復活**」と呼ばれるできごとです。神の前で人びとは生前におこなったことを記録した帳簿《ちょうぼ》を手わたされます。コーラン

《もっとくわしく》

コーランに登場する「旧約聖書」の預言者

●ヌーフ（旧約聖書のノア）

神を信じない人びとに最後の警告を伝えるために遣《つか》わされた預言者・使徒《しと》。彼《かれ》の言葉を聞きいれなかった人びとを滅《ほろ》ぼすために、神は**大洪水**《だいこうずい》を起こしました。ヌーフは神の命令によって、**箱舟**《はこぶね》をつくり、自分の家族とすべての動物の雄《おす》と雌《めす》を連れて船に乗りこみ、難を逃《のが》れました（23章23～30節）。

●イブラーヒーム（旧約聖書のアブラハム）

イスラームでは**一神教の礎**《いしずえ》をきずいた、重要な預言者・使徒の一人として知られています。神からの試練として息子イスマーイールを犠牲《ぎせい》として捧《ささ》げようとし、その信仰心《しんこう》の篤《あつ》さを神に認められ、祝福されます。左の絵は天使が息子の代わりに犠牲《いけにえ》となる動物をもって降りてきたところ（37章83～113節）。イブラーヒームは後にイスマーイールとともにメッカに**カアバ神殿**《しんでん》を建設しました（2章125～127節）。

●ユースフ（旧約聖書のヨセフ）

コーランの中で、ユースフの物語は**「もっとも美しい物語」**と言われます。兄弟に妬《ねた》まれ、幼いころに井《い》戸《ど》に捨てられたユースフは、商人に拾われ、エジプトの大臣に売られます。大臣の家で美しく、知識の豊富な若者に成長したユースフに、大臣の妻が思いを寄せます。右の絵はこの物語を土台にして、1540年ごろのイランで描《えが》かれたもの。ユースフのあまりの美しさに大臣の妻の友人たちが驚《おどろ》いているところです（12章）。

によると、帳簿を右手にわたされた人は喜びいさんで天国へ行き、左手にわたされた人はいやいやながらも地獄《じごく》に送られることになります。

「真実の日章」69章の19〜32節には、次のようにあります。

自分の帳簿を右手に渡《わた》された者は言うだろう、「みなさん、私の帳簿を読んでみてください。私の善行が報われる日が来ると思っていた」。そして良い暮らしを送るのだ。天の楽園の中で。……だが、帳簿を左手に渡された者は言うだろう。「こんな帳簿はもらわなければよかった。自分の行いの報いなど知らないほうがよかった。（現世の死で）すべてがおわればよかったのに。財産も役に立たなかった。権威《けんい》も消え失せた」。（地獄の番人に対して）おまえたち、彼《かれ》を捕《つか》まえて縛《しば》れ。そして、灼熱《しゃくねつ》の地獄にくべるのだ。

◆天国と地獄

天国は「**楽園**」と呼ばれます。コーランによると、そこには「水」、「乳」、「酒」、「蜜《みつ》」が流れる清らかな4つの川があり、豊かな木々にはあらゆる果実が実っています（47章15節）。楽園の住人は金の腕輪《うでわ》で身を飾り、上質の緑色の衣服を着て、毎日寝椅子《ねいす》に寄りかかり、ゆったりと過ごしています（18章31節）。おなかが空《す》くこともありません。黄金の大皿や杯《さかずき》が回ってきて、そこから好きなものを飲み食いすることができるのです（43章71節）。

一方、地獄は「**火獄**《かごく》」と呼ばれます。コーランには、地獄の住人が、首に枷《かせ》や鎖《くさり》をかけられ、熱湯や炎のなかを引きずり回される姿が描《えが》き出されています。

コーランの主題の最後、４つめは生活に関わるさまざまな決まりごとです。これは、次の章でくわしく説明します。

▲天国を訪れたムハンマド

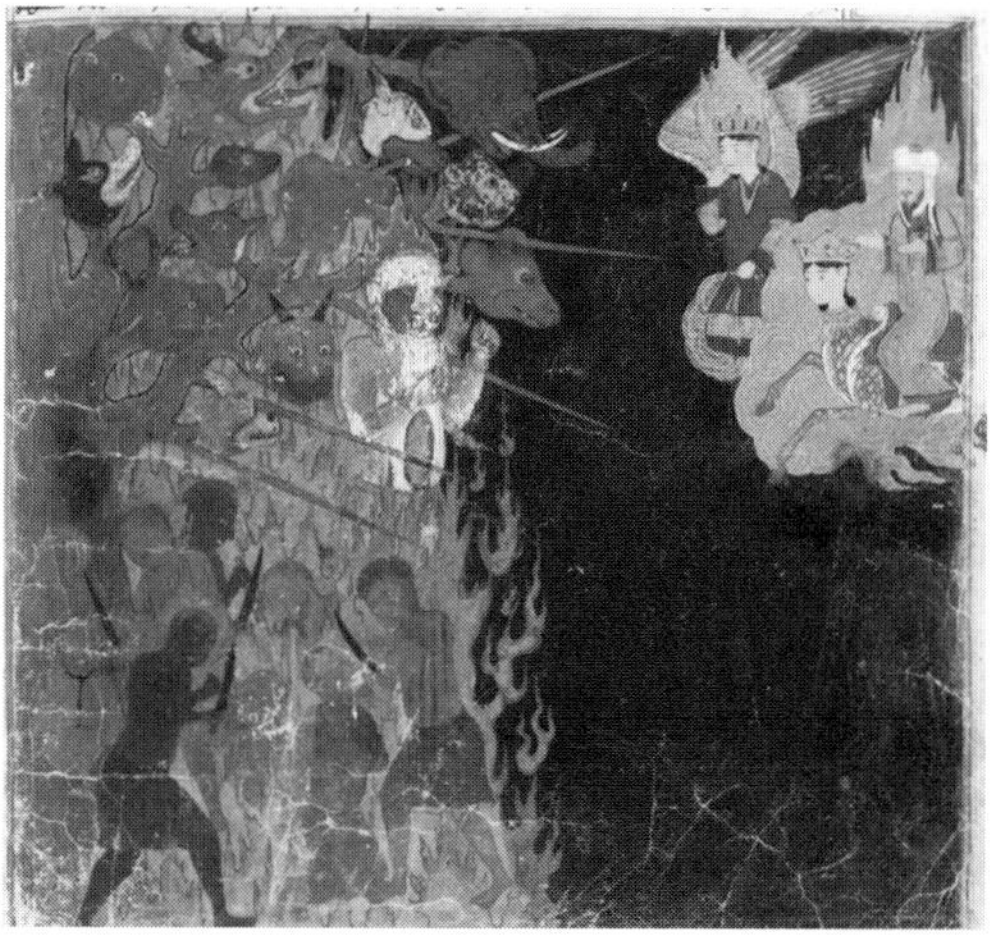

▲地獄を訪れたムハンマド

第３章

イスラームの決まり

❶ 人間に対する命令（1）――礼拝《れいはい》

◆天国に行けるのはだれ？

コーランのもう一つの主題は、**人間に対する命令**です。コーランには生活にかかわるさまざまな決まりごとが書かれています。ここでは、４つの大きな決まりごとを説明します。まずは、もっとも大切な礼拝です。

前章の最後では、天国と地獄《じごく》についての説明を記しました。ところで、だれが天国に行き、だれが地獄に行くのでしょうか。ムスリムの考え方では、現世《げんせ》にいるあいだに神を信仰《しんこう》し、神の命令に従って人生を送った人が天国に行き、不信仰者や罪を犯した者が地獄に行くとされています。

人間に対する神の命令のなかでも、とくに重要な事柄《ことがら》の一つが「**礼拝をおこなうこと**」です。たとえば、こんな言葉があります。《礼拝をしなさい。信仰者にとって礼拝は定時のものである。》（４章１０３節）。

礼拝は通常、次のように日に5回、決まった時間におこないます。

1. 夜明けの礼拝……夜が白み始めてから日の出前までにおこなう。
2. 正午の礼拝……日が南中（もっとも高い位置）になってから午後の礼拝までにおこなう。
3. 午後の礼拝……物の影《かげ》が本体と同じ長さになってから日没《にちぼつ》の礼拝までにおこなう。
4. 日没の礼拝……日の入り直後から夜の礼拝までにおこなう。
5. 夜の礼拝　……日没後の残照が消えてからおこなう。

礼拝は、**信仰者が偉大《いだい》な神の前に身をおく大切な時間**だと言われます。《啓典《けいてん》であなたに啓示されたものをよみ、礼拝をおこないなさい。本当に礼拝は醜《みにく》い行いや悪い行いから人を遠ざける》（29章45節）というコーランの言葉がありますが、ムスリムの多くは、**礼拝を通して日々、神のことや来《らい》世《せ》のこと**を思い出します。礼拝で心をこめて神に話しかけたり、神の力にすがったりすると、神が応《こた》えてくれるという人もいます。

◈礼拝のやり方

礼拝のやり方は宗派や地域などによってさまざまですが、ここでは一般《いっぱん》的なものを紹介《しょうかい》します。まず、礼拝前には「ウドゥー」と呼ばれる浄《きよ》めをおこないます。ウドゥーでは、神の名を唱えて、両腕《りょううで》や両足、顔、耳、口などを一定の順序とやり方で洗います。

それから**メッカの方角**を向いて立ち、「いまから礼拝をします」と神に向かって意思表明をします。

次に、**タクビール**と呼ばれる動き（両手を耳の高さに上げて**「アッラーは偉大《いだい》なり」**と言う）や、直立礼、屈《くっ》折《せつ》礼、平伏《へいふく》礼、座礼などを決まった順序でおこないます。

最後に、「私はアッラー以外に神はないことを証言します。私はムハンマドが彼《かれ》のしもべであり使徒《しと》であることを証言します」「あなた方の上に平安とアッラーの慈悲《じひ》がありますように」と言って、礼拝を終えます。

◆モスクでの礼拝

礼拝は家や学校、職場などの日常生活の場でおこなうこともあれば、**モスク**でおこなうこともあります。モスクはアラビア語の「マスジド」に由来する言葉で「ひざまずく場所」「平伏する場所」という意味です。モスクは**唯一《ゆいいつ》なる神に対して礼拝をする**

●礼拝の手順●

①意思表明…メッカの方角を向いて立ち、礼拝の意思表明をする。

↓

②タクビール…両手を耳の高さに上げて、「アッラーフ・アクバル（アッラーは偉大なり）」と唱える。

↓

③直立礼…両手を身体の前で組みコーランの開始の章と好きな3節以上の節を唱える。

↓

④屈折《くっせつ》礼…タクビールをおこなった後、両手を膝頭《ひざがしら》につけて腰《こし》を曲げ「偉大《いだい》なるわが主に栄光あれ」と3回唱える。

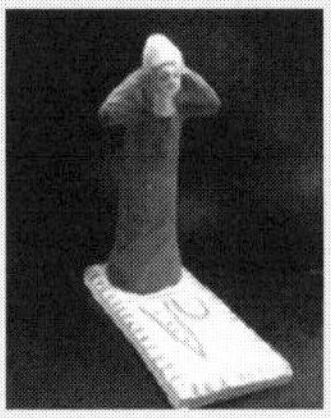

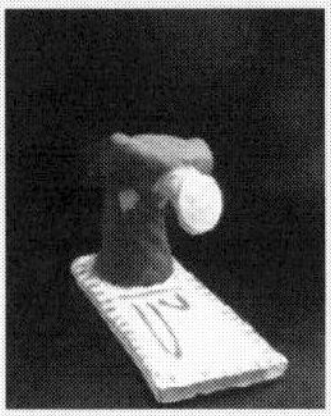

場所であり、そこには（寺院や教会のように）神像や聖画など、崇拝《すうはい》の対象になるものはありません。
礼拝は世界中のどこにいても、メッカの方角を向いておこなうことになっているので、モスクには「**ミフラーブ**」と呼ばれるメッカの方向を示す壁《かべ》のくぼみがあります。礼拝時間になると、モスクの塔《とう》から「**アザーン**」と呼ばれる礼拝の呼びかけの声が聞こえてきます。

▲**カイロ**（エジプトの首都）**のモスク**

▲**ミフラーブ**（左のくぼんだ部分）

⑤直立礼…「アッラーは彼《かれ》を称賛《しょうさん》する者の声を聞き給《たま》う」などと唱える。

←

⑥平伏《へいふく》礼…タクビールをおこなった後、頭を床《ゆか》につけて平伏し、「至高《しこう》なるわが主に栄光あれ」と3回唱える。

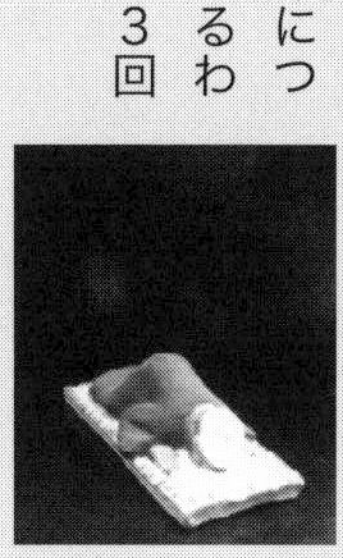

←

⑦座礼…タクビールの後、正座をして「主よ、私をお許しください」などと唱える。

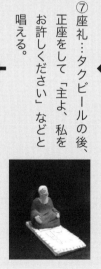

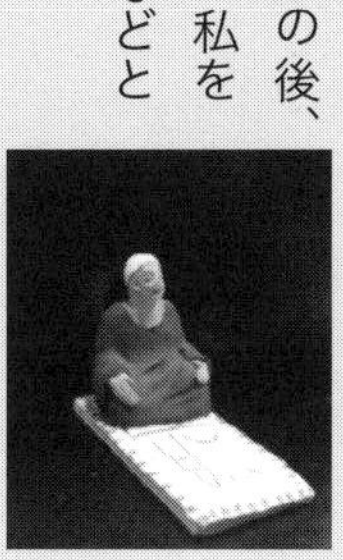

←

⑧平伏礼…タクビールの後、頭を床につけて平伏し、「至高なるわが主に栄光あれ」と3回唱える。

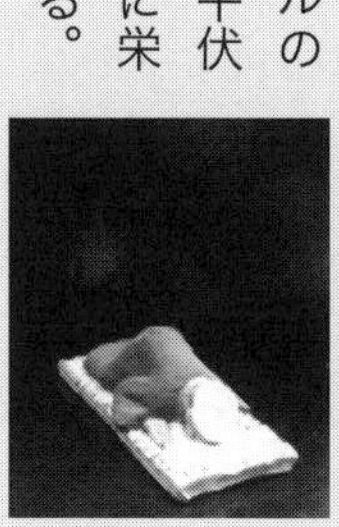

❷ 人間に対する命令（2）――断食《だんじき》

◆イスラームの暦《こよみ》

イスラームには「**ヒジュラ暦《れき》**」と呼ばれる独特の暦があります。これは月の満ち欠けを基準にする太陰暦《たいいんれき》で、ムハンマドがメッカから**メディナ**に移住した622年を元年とします。ヒジュラとはアラビア語で「移住」（40ページ）を意味します。

ヒジュラ暦の1日は日没《にちぼつ》から始まり、1年は12カ月、新月になれば新しい月の始まりです。そのため、観測する国や地域の気象状況《じょうきょう》によって、日付が異なってくることもあります。1年は354日（または355日）と、太陽暦よりも10日から12日短いため、季節と暦が一致《いっち》せず、全体に少しずつずれていきます。たとえば、ヒジュラ暦1443年元日（1月1日）は、西暦2021年8月10日にあたりますが、翌《よく》1444年の元日は、西暦2022年7月30日になります。

1月　ムハッラム
2月　サファル
3月　ラビーウ・アウワル（12日は預言者生誕《せいたん》祭）
4月　ラビーウ・サーニー
5月　ジュマーダー・ウーラー

6月　ジュマーダー・アーヒラ
7月　ラジャブ
8月　シャアバーン
9月　ラマダーン（1カ月間断食《だんじき》をおこなう）
10月　シャウワール（1日は断食明けの祭）
11月　ズー・アル＝カアダ
12月　ズー・アル＝ヒッジャ（8～12日に巡礼をおこなう。10日は犠牲《ぎせい》祭）

◆飲食を禁じた月

ヒジュラ暦9月の**ラマダーン月**について、コーランの2章「雌牛章《めうし》」の185節には次のような言葉があります。

ラマダーンの月は、人びとを導くものとして、また導きと明証（明らかな証拠《しょうこ》のこと）のしるしとして、コーランが下された月である。それであなたたちのうち、家にいる者は、この月のあいだ断食（サウム）をしなければならない。病気か旅の途中《とちゅう》にある者は別の日にその日数を。アッラーはあなたたちが安易にあることを望み、困難な状況は望まない。あなたたちは日数をまっとうし、あなたたちをお導きになることに対して神の偉大《いだい》さを称《たた》えればよい。あなたたちはきっと感謝するだろう。

ラマダーン月は**ムハンマドに最初の啓示《けいじ》が下された月**として、ムスリムにとってとくに神聖な期間だと考えられています。

この一カ月のあいだ、人びとは夜が白み始めて「夜明けの礼拝」の**アザーン**（呼びかけの声）が聞こえてから「日没の礼拝」のアザーンが聞こえるまで、**断食（飲食を断つこと）**をします。ただし、病気だったり、旅行中の人は、この期間でなくとも、病気が治ったり、旅行からもどったりしてから翌年のラマダーンまでに、同じ日数分の断食をおこなえばよいとされています。老齢《ろうれい》や不治の病、妊娠《にんしん》や授乳によって断食が困難な場合には、代償《だいしょう》として貧しい人への施《ほどこ》しをおこなうようにという啓示もあります（2章184節）。

ムスリムの人びとは、空腹やのどの渇《かわ》きを体験することで、食べ物のありがたみを実感

《もっとくわしく》

メッカからの移住（ヒジュラ）

▲メディナの「預言者のモスク」

メッカで神からの啓示《けいじ》を受けたムハンマドは、神の教えを周囲に伝えようとしました。しかし当初、メッカの人びとの多くは、イスラームの考え方を受け入れず、ムハンマドや新たに信仰者《しんこう》となった人びとを迫害《はくがい》しました。

そこで、ムハンマドたちはメッカを離れ、**メディナという町に移住すること**を決意しました。移住後、イスラームは少しずつ受け入れられ、やがてメッカをふくむ多くの地域にイスラームの考え方が広まっていきました。上の写真は、移住後、最初にメディナに建てられたモスクの現在の様子です。

し、**神の偉大さや神への感謝の気持ち**を新たにします。また、貧しい人びとが抱《かか》える困難を理解したり、みなで苦難をともにし、断食明けの食事を楽しくとることで、ムスリムとしての一体感をもつこともラマダーンの重要な役割だと言われています。

◆イスラームと食生活

コーランには、断食以外にも食生活にまつわる命令がいくつかあります。コーランで食べることが禁じられているのは、《死肉、血、豚肉《ぶたにく》、そしてアッラー以外の名を唱えられ（て殺され）たもの》（2章173節ほか）です。また、お酒を飲むことも《人びとの間に敵意と憎《にく》しみを引き起こし、神の唱念と礼拝から人びとの心をそらす》として、戒《いまし》められています（5章90、91節）。

ムスリムがどのようなものを食べているのか、具体的な食生活については、次の第2部（51ページ）で紹介《しょうかい》します。

❸ 人間に対する命令（3）──装《よそお》い

◆イスラームと衣服

コーランには**衣服**に関する言葉がいくつかあります。たとえば、第7章には、最初の人間であるアーダムとその妻が、禁じられた木の実を食べて自分たちが裸《はだか》でいることを恥《は》じるようになったという物語がありました。そのすぐ後には次のような言葉があります。

《アーダムの子孫よ、わたしはあなたたちが恥ずかしいところを覆《おお》い、また身体を飾《かざ》るために衣装を授けた》（7章26節）。《アーダムの子孫よ、どこのモスクでも飾り（きちんとした衣服）を身につけなさい》（7章31節）。衣服は隠《かく》すべき体の部分を覆うためのものであり、また身を飾るためのものであるというのです。

ただし、身を飾り過ぎてはならない、とくに**女性は美しい部分を人に見せないように**、という表現もあります。《男の信仰者《しんこう》に言え、慎《つつし》み深く視線を下げて隠すべき部分を大切に守るように。……女の信仰者にも言え、慎み深く視線を下げて隠すべき部分を大切に守るように。表に出ている部分はしかたないが、そのほかの美しい部分は人に見せぬように。胸には覆いをかぶせて》（24章30、31節）。

ただし、どこが「美しい部分」なのか、**女性の「表に出ている部分」とはどこなのかについて、ムスリムのあいだでも意見が分かれています**。

《もっとくわしく》

スンナとハディース

●語り継《つ》がれてきたスンナ

ムスリムにとってムハンマドは、預言者であるとともに、神の教えを人びとに伝えるために遣《つか》わされた使徒《しと》でもありました。そこでムハンマドの言動は、ほかの信仰《しんこう》者が見習うべきものと考えられてきました。**ムハンマドの言葉や行いのことを「スンナ」**（アラビア語で「慣行」という意味）と呼びます。スンナは信仰者にとって神の教えを知る手がかりとなる重要な情報源と考えられてきたため、**大切に語り継がれてきました。**

●コーランの次に重要視されてきたハディース

時代をこえて受け継がれてきたスンナに関する伝承を**「ハディース」**（「語り」「言葉」という意味）と呼びます。ハディースは800年代から書物として編纂《へんさん》されるようになりました。ハディースをコーランにつぐ聖典として重要視し、それにすべて従おうとする人もいれば、必ずしもそうしない人もいます。ムスリムにとってコーランは神の言葉そのものですが、**ハディースはムハンマドの言葉や行いを人間が伝えてきたもの**です。どのハディースに信ぴょう性（確からしさ）があるか、ハディースにどのような意味を見出《みいだ》すかは、ムスリムの考え方によって異なるのです。

一般《いっぱん》にとくに信ぴょう性が高く重要なハディース集として知られているのが、ブハーリー（810～870年）とムスリム（817年ごろ～875年）という9世紀の2人の学者がそれぞれ収集して編纂したものです。

▲ブハーリーのハディース集（注釈つき）

◆どう解釈するかはさまざま

なにを「美しい」と感じるのかは、みなさんもそれぞれでしょう。ムスリムの人びとのあいだでもやはり、同じではありません。たとえば、女性の「美しい部分」とは胸や太ももなど「男性とは異なる部分」だと考える人がいます。また、女性の顔や指先も「美しい部分」にふくまれるので、全身をヴェールで覆い隠さなければならないと主張する人もいます。

これまで、コーランの言葉や、**ハディース**（前ページ）と呼ばれる、ムハンマドに関する伝承などをもとに、ムスリム女性の装いがどうあるべきかはさまざまに議論されてきました。各時代、各地域の女性たちは、その社会でよいとされる装いや、それぞれがよいと考える服装で身を包んできたのでした。

男性の装いについても触《ふ》れておきましょう。コーランには具体的な言葉がありませんでしたが、ムスリム男性のなかには、ムハンマドやイスラームの初期時代の人びとの装いやひげの生やし方を真《ま》似《ね》ることがよい、と考えて実践《じっせん》する人もいました。

❹ 人間に対する命令（４）──男女のちがい

◆女性について、どう書かれている？

コーランでは「装《よそお》い」について、男女に異なる命令が示されていました。では、その他の事柄《ことがら》はどうでしょうか。

　女性にかかわる啓示《けいじ》が多いことから「**女性章**」と呼ばれる第４章を見てみましょう。そこには、戦争などで父親を失った者（孤児《こじ》）の扱《あつか》いについて、《孤児に公正にできないことを恐《おそ》れるのなら、女性であなたたちに良い者を２人、３人、４人娶《めと》れ》、と**一定の条件のもとならば、男性が複数の妻をもつことが許される**という意味の言葉があります（３節）。

　また、財産の相続について、《息子には娘《むすめ》２人分に相当するもの》があると、男性の相続分を女性の２倍と規定する言葉があります（11節）。さらに、第34節には、次のような表現があります。《男性は女性の保護者である。それはアッラーが一方に対し他方よりも多く（の権利）をあたえたからであり、男性が生活費として財産を費やすからである》。

　こうした啓示の言葉から、「イスラームでは女性が男性よりも価値の低い存在とみなされている」と言われたり、「ムスリム女性はムスリム男性よりも不利な立場にある」などと批判されることがあります。

◆ちがう読み方もある

一方で、そうした見方は「**コーランの読みまちがいからきたものだ**」という声も聞こえてきます。たとえば、複数の妻をもつことについては、４章３節が戦争で孤児が急増した時期に下された啓示であり、《孤児に公正にできないことを恐《おそ》れるのなら》という条件がついていること、続く部分に、複数の妻を公平に扱えないのであれば一人にしておけという言葉（３節）や、《公平に扱うことなどあなたたちには不可能だ》（１２９節）という言葉があることから、実際には神は一夫多妻を推奨《すいしょう》していないと主張する人もいます。

これだけではありません。相続についても、ちがう読み方があります。相続の配分が男女で異なることや男性が女性の「保護者」であるというのは、男性が生活費を払《はら》うという前提の上での話であり、それ以外の場合にはあてはまらない、と理解する人もいるのです。

さらに、**女性であっても、男性であっても、人間はみな、神の前で同等であり、敬虔《けいけん》さによってのみ、差がつくのだ**と主張する人もいます。「敬虔」とは、神の前に深くつつしんで仕える態度のことをいいます。その論拠《ろんきょ》として、次の49章「部屋章」13節が引用されます。

> 人びとよ、わたしはあなたたちを男性と女性から創り、種族や部族となした。あなたたちが互《たが》いに知り合うためである。ほんとうにアッラーの御許《みもと》でもっとも高貴な者はもっとも敬虔な者である。

◆コーランとともに生きるムスリム

ムスリムにとって、コーランは、神からあたえられた一冊の書物です。そのなかには、**すべての真理（決して変わらない、永遠に正しい事柄）**が示されていると信じられています。ただし、それを正確に読み取ることは簡単ではないようです。ムスリムの多くは、日々コーランを耳にしたり、その一部を朗誦《ろうしょう》したり、そこに出てくる言葉や表現について考えたりしながら、神の存在を感じつつくらしているのです。

コーランとハディース（43ページ）、そしてそれぞれの解釈をもとに、各時代の学者たちは神が人間にどのような教えをあたえ、なにを命じてきたのかを考え、議論してきました。そうして導き出されてきたものを「**イスラーム法**」と呼び、現代のサウジアラビアのように国によっては憲法や法律として適用させてきたのです。ただし、イスラーム法の理解は過去から現在まで、地域や社会、そしてそれぞれの人によってもさまざまです。

◆最後に

ここまでの第一部では、イスラームの基本的な事柄を見てきました。神の存在や、預言者・使徒《しと》の存在、コーランが神に由来すること、天地や人間の創造のこと、最後の審判のこと、天国のこと、地獄のこと、礼拝や断食が義務であることなど。世界には18億人ともいわれるムスリムがいますが、その多くは、こうした事柄を信じ、大切に思っています。

一方で、コーランの言葉の意味や、啓示のなかで神が意図するところ、ハディースの扱いかたなど、人によって理解や方法が異なる場合もあります。そのために、ムスリムとしてどのような服装がよいとされているのか、男性は二人以上の妻をもつことができるのかなど、同じコーランの言葉を出発点として、さまざまなことが言われてきました。

コーランやハディースの理解や読み方のちがいのほかにも、日々の生活環境《かんきょう》や伝統的な考え方のちがいもあります。ムスリムのなかには、エジプトのカイロにくらす人もいれば、インドネシアのジャカルタやアメリカのニューヨーク、日本の東京にくらす人もいます。おとなもいれば、子どももいる。女の人もいれば、男の人もいる。裕福《ゆうふく》な人もいれば、貧しい人もいる。大都会で忙《いそが》しく働く人もいれば、砂漠《さばく》のオアシスで遊牧生活をする人もいる。いろいろなかたちのくらしを営むムスリムにとって、「神に身をゆだねること」（イスラーム）とは、具体的にどういうことなのでしょうか。

次の第2部では、実際の人びとのくらしをのぞいてみることにしましょう。

〈第1部・著者　後藤絵美《ごとうえみ》〉

第2部

★

イスラームのくらし

第1章

イスラームの生活

❶ 世界に広がるイスラーム

イスラームやムスリムと聞いたとき、みなさんはどのようなイメージを思いうかべますか。ラクダや砂漠《さばく》、もしかするとあごひげを生やし白い長衣をまとった男性や、全身を黒い布で覆《おお》い隠《かく》した女性を思いうかべるかもしれませんね。こうしたイメージを思いうかべた人はイスラームのことをある程度知っているといえるでしょう。なぜなら、こうしたイメージはいわゆる中東（西アジア）やアラブの人びとのイメージで、そうした地域とイスラームには深い関係があるからです。

しかし、ムスリムがくらしている場所は、中東やアラブ地域だけではありません。ムスリムとは、イスラームを信仰《しんこう》している人びとのことでしたね。実はいま、このムスリムがいちばん多く住んでいる国は、東南アジアの島国インドネシアなのです。また、北アフリカやアジア内陸部にも多く、いまや、ムスリムが住んでいない国は皆無《かいむ》といっても過言《かごん》ではないでしょう。さらにムスリムの数は今後、どんどん増えていくと考えられています。現在、イスラームは信徒数の増加がもっともめざましい宗教で、**今世紀中に信徒の数で最大の宗教になる**といわれています。なお、第1部で説明しましたが、現在もっとも信徒数が多いのはキリスト教です。

この章では、衣食住をはじめとするムスリムの生活のようすを紹介《しょうかい》していきます。

❷ ムスリムはなにを食べているの？

◆ムスリムが食べてはいけないもの

ムスリムがどんなものを食べているのか知っていますか。ムスリムのなかには、「イスラームで禁じられているから」という理由で特定の食べ物を口にしない人がいます。ムスリムがイスラームを理由に**豚肉《ぶたにく》や酒類を口にしない**ことは、第1部で少し説明しました（41ページ）。

では、豚肉や酒類以外にも、ゼラチンやポークパウダーといった豚由来の食品添加物《てんかぶつ》を避《さ》けたり、酒成分の入った調味料（料理酒やみりんなど）を使った料理を避けたりする人たちもいることを知っていますか。また、特定のやり方で処理《しょり》された肉以外は、鶏肉《とりにく》や牛肉でも口にしない人たちもいます。肉に血が残っていることをいやがり、少しでも赤身が残っている肉を食べない人もいます。

こうした食べ物のタブー（禁じられていること）はイスラームだけではありません。中学の社会科では、インドに信者が多いヒンドゥー教について学びます。ヒンドゥー教徒は牛を神の使いと崇《あが》めているため、牛肉を口にすることはありません。仏教も本来は殺生《せっしょう》を嫌《きら》うため、僧侶《そうりょ》のなかには肉や魚を食べることを避ける人がいます。

◆「ハラール」食品ってなに？

ムスリムが食べてはいけない、食べるべきではないとされる食品をあらかじめ避け、イスラームの教えにかなった食べ物であることを保証する食べ物を「**ハラール**」食品と呼ぶことがあります。「ハラール」とは「許された」という意味です。いまでは、日本でも「ハラール」かどうかを検査し、「ハラール」であると認証する機関があります。そこで「ハラール」と認められたものだけが認証マークをつけることが許されます。「ハラール」認証を取得し、「ハラール」な食材や料理を出すレストランや商店もあります。

とくに近年、ハラール認証をうけた外食店が増えています。京都にあるラーメン店は、もともと鶏ガラスープに鶏肉のチャーシューを使用していたラーメンを、ムスリムにも気軽に食べてもらいたいと「ハラール」認定をうけました。つけ麺《めん》のスープはラードを使わず、野菜のブイヨンなどで代用。豚骨《とんこつ》のラーメンに負けないおいしさです。

▲ハラール認証マークの一例

◆なにを食べるべきかの理解は人それぞれ

こうした動きは日本に限らず、世界中で見ることができます。なかでも、料理に豚肉や酒類をふんだんに使う中華《ちゅうか》系の人びととムスリムがともにくらす東南アジアで盛んだといわれています。イスラームにおいて、食と信仰《しんこう》は切りはなせません。自分が口に入れる食べ物が、イスラームの教えにかなっていることをとても重要だと考える人たちがいるのです。

ただし気をつけたいのは、**なにを食べてはいけないと考えるかには個人差がある**ということです。また、食べたことのない料理を食べてみたいと思うかどうかも人それぞれです。そのため、寿司《すし》などの日本食が大好きなムスリムもいれば、ふだん食べなれたもの以外は苦手、というムスリムもいます。つまり、世界中のムスリムが同じものを食べているわけではないのです。そもそもイスラームで食べることが禁止されている食べ物は非常に限られています。そこで、ムスリムであったとしても、みんながそれぞれ、地域や家庭の味を大事にしながらさまざまな料理を楽しんでいます。

◆**さまざまな食事**

中東のムスリムは老若男女を問わず、フルーツや甘《あま》いお菓子《かし》に目がありません。日本に住んでいるムスリムの家庭の食卓《しょくたく》には、パスタやうどんがよく並びます。また、東南アジアのマレーシアは国民の約６割がムスリムですが、中国人やインド人もたくさん住んでいます。そのため、食卓にはハラールのマレー料理だけでなく、中華料理やインド料理もよく並びます。

みなさんは世界三大料理を知っていますか。フランス料理と中華料理と、もう一つはトルコ料理です。トルコはアジアとヨーロッパの境に位置する国で、国民の９割以上が

▲**マレー料理**

ムスリムです。そんなムスリムがつくるトルコ料理は、焼き物から揚《あ》げ物、煮物《にもの》までと幅《はば》広く、料理めあてにトルコを訪れる外国人観光客も少なくありません。

食いしん坊《ぼう》になったり好き嫌《きら》いが多くなったりすることと、イスラームを信仰することは関係ないといえるでしょう。

❸ ムスリムはなにを着ているの？

◆ファッションはいろいろな要素で決まるもの

みなさんは、ムスリムの服装としてなにを思いうかべますか。

第1部でくわしく紹介《しょうかい》したコーランというイスラームの教えが書かれた聖典には、ムスリムがどのように装《よそお》うべきかについて書いてある箇所《かしょ》があります。そのため、ムスリムには、着るべき衣服にきびしい決まりがあると考えている人もたくさんいるかもしれません。しかし実際には、どのように身を飾り隠《かく》すべきかについてははっきりとはわからず、**個人の判断に任されている**ところがあります（42ページ）。したがって、コーランに書いてある通りの服装をしようとしても、みんな同じ衣服を同じように着るということにはなりません。

また、人は着るものを選ぶとき、一般《いっぱん》的に、その日の行き先、目的、気候、だれに会うのか、どのようなものが流行しているのか、衣服の値段はいくらなのか、着る人はおとななのか子どもなのか、といったいろいろな要素をもとに、その場その場にぴったりの服を選びます。いわゆるTPO《ティーピーオー》に応じた服装をするのですね。

ムスリムが着るものを選ぶときも同じで、必ずしもすべてのムスリムがイスラームのことだけを考えているわけではありません。**イスラームの決まりをどれだけ重視するかは、人によっても、状《じょう》況《きょう》によっても、そして気分によっても変わります。**ですから、その人がムスリムかどうかを判断することは、衣服からでは非常にむずかしいこともあります。

◆「へそ出しルック」は厳禁？

とはいえ、男女を問わず多くのムスリムに、体の線を露《あら》わにしたり、露出《ろしゅつ》の多い衣服を避《さ》ける傾向《けいこう》があることも事実です。ムスリムが大多数の国では、おとなの男女とも、足のくるぶしより上を見ることはあまりありません。また、おへそやわきの下が見えるような服装をしている人もほとんど見かけません。**体の線を露わにしたり肌《はだ》を露出したりする装《よそお》いは、自分の評価を下げるだけでなく、相手に対して失礼だとみなされる**こともあるのです。

おもしろいのは、人々の着ているものが**内と外では**

ちがうということです。体の線を隠したり露出を避けたりするのは外出するときだけで、家でくつろぐときには必ずしもそうではありません。多くのムスリムは、外に出るときと家にいるときの衣服をしっかりと分けています。家に帰ってきた後は、男女を問わず、短パンやタンクトップなど、ラフなかっこうで過ごす人もいます。派手なTシャツを着ている人も少なくありません。家庭内では、みな好きな服装をすることができるのです。

◆肌を露出させない、ムスリムのさまざまな服装

ムスリムの男女のさまざまな服装を具体的に見ていきましょう。中東諸国では、男性は長袖《ながそで》で丈《たけ》の長いシャツのような衣服をよく見かけます。女性は体をすっぽり覆うような外套《がいとう》を着ている姿をよく見かけます。国や地域によっては、全身を覆い、顔も目だけを残してベールで隠している女性も少なくありません。ただし、外套のなかの衣服はさまざまです。

80年代以降、とくに90年代半ばから、**肌を隠し、体の**

線を見せない衣服が、ムスリム女性のあいだで主流のファッションスタイルの一つになっています。近年は、肌を隠したスタイルながら、日本発の「カワイイファッション」を取り入れる若い女性たちも増えてきました。こうした新しいファッションは、第4部でも紹介しますね（136ページ）。

露出を避けようとするムスリムばかりではありません。イスラームのファッションもさまざまです。女性でも、顔や頭髪《とうはつ》を隠すことをしないムスリムもいます。肌をあまり露出させないファッションが主流ですが、衣服からだけでは、ムスリムかどうかわからないこともあります。

《もっとくわしく》

アバーヤ姿の人形「フォッラ」

2000 年代半ば、サウジアラビアのおもちゃメーカーは、**アバーヤ**と呼ばれる女性用の黒い外套《がいとう》姿の人形を発売しました。

このフォッラと呼ばれる人形は、その後もサウジアラビアだけでなく、中東の広い地域で子どもたちに親しまれています。アバーヤの内側には、日本やアメリカで売られている人形と同じように、カラフルな色使いのドレスや、セーターとジーンズを着ています。

▲フォッラ

第2章

さまざまな子どもたちのくらし

❶ ムスリムの一生―エジプトの場合

◆エジプトってどんな国？

ムスリムとして生きる人の一生はどうなっているのでしょうか。ここでは、**アジアやアフリカに住んでいるムスリムの子どもたちのくらし**を紹介《しょうかい》していきましょう。最初にとり上げるのは、**エジプト**です。

エジプトは北アフリカの国で、地中海をはさんでヨーロッパと向き合っています。紀元前4000年に古代文明（エジプト文明）が生まれたことや、その国王の墓であるピラミッドやスフィンクスがあることで知られています。

国土の大部分はサハラ砂漠《さばく》で、人が住める場所は限られ

エジプトの略地図

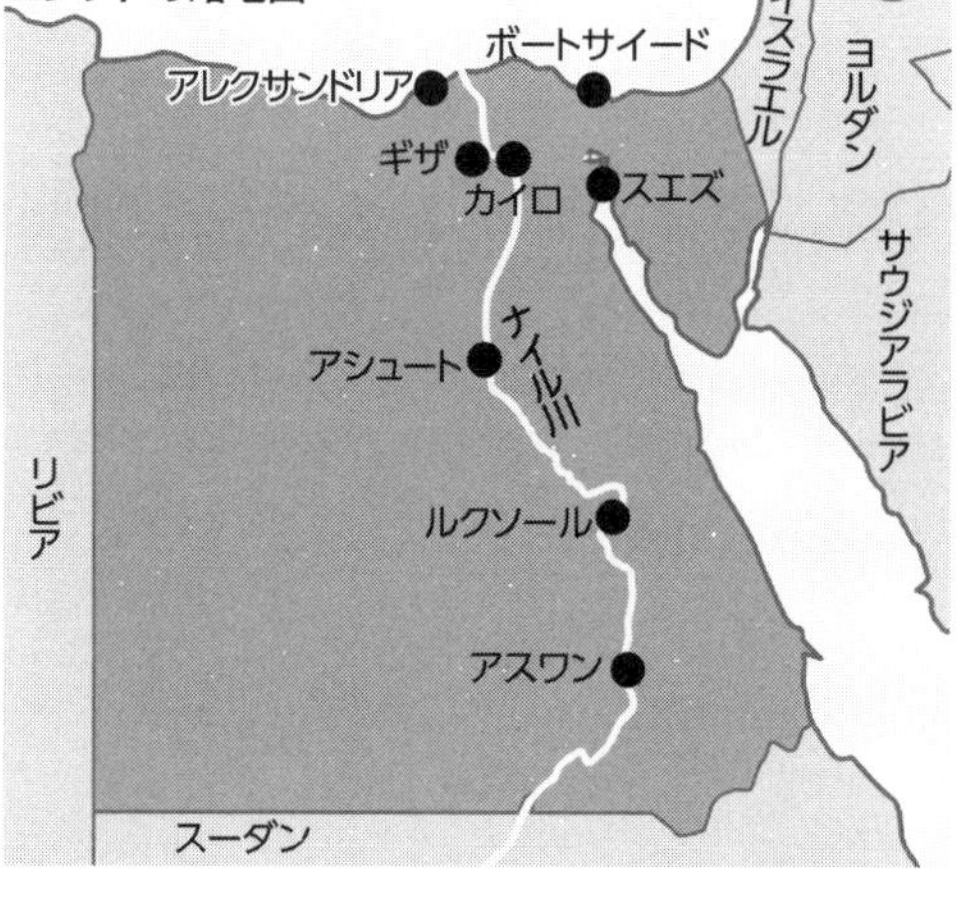

ています。人口約1億人の大部分は、首都カイロなど南北を流れる世界最長のナイル川の流域と地中海・紅海《こうかい》の沿岸部に集中しています。**国民の9割以上はアラブ民族のエジプト人で、その大半がイスラームを信仰《しんこう》しています。**産業は、農業と観光業が盛んで、繊維《せんい》・食品加工などの工業も発達しています。

◆子どもの誕生《たんじょう》

エジプトの一般《いっぱん》的な家庭では、子どもが生まれると、まず女性たちが「ろろろろろろ」と高い声を発するザガリードという喜びの音で近所に知らせます。男児でも女児でも、子どもの誕生はとても喜ばれます。

生後7日目には**「ソボア」というパーティー**を開き、赤ちゃんのお披露目《ひろめ》がされます。親戚《しんせき》や近所の子どもたちがたくさん招かれ、パーティーに来た子どもたちにはお菓子《かし》やおもちゃが配られます。そこで、新しく生まれた赤ちゃんも子どもたちの仲間入りをはたすのです。

◆楽しい宗教行事

子どもたちにとって、イスラームの大きなお祭りは、ごちそうを食べたり、お小遣《こづか》いをもらえたりするので、とても楽しみな日です。

大きなお祭りは年2回。一つは**ラマダーン明けを祝う「断食明《だんじき》けの祭り」**です。ラマダーンとは、神の偉大《いだい》さや神への感謝の気持ちをこめて断食をする月のことでしたね（40ページ）。もう一つは、**「犠牲祭《ぎせいさい》」**です。「犠牲祭」では、家畜を屠《ほふ》り、その肉を家族だけでなく親族や貧しい人にも配ります。この二つの祭りは世界中のムスリムに共通するお祭りで、どちらも3日間ほどお休みになります。とくに「断食明けの祭り」はとても盛大で、多くの子どもたちは新しい服を買ってもらうことを楽しみにしています。

◆激しい受験戦争

6歳《さい》になると、子どもたちは学校に通い始めます。学校には**「宗教」の時間**があり、ムスリムはその時間にイスラームについて学びます。礼拝《れいはい》のやり方やコーランの暗唱についてもこの授業で学びます。

みなさんが気になるテストは、どうなっているのでしょう。小学校や中学校にも卒業試験があり、**多くの子どもは、学校が終わった後も塾《じゅく》や家庭教師で夜遅《おそ》くまで勉強をします。**とくに高校最後の2年間は、大学進学の基準となる高校卒業試験のために必死で勉強します。この点数で進学する大学や学部が決まるからです。

▲エジプトを代表する名門・カイロ大学

◆結婚《けっこん》とお墓

「結婚は信仰の半分」といわれるほど、**ムスリムにとって結婚はとても重要**です。その意味でも、結婚は人生のクライマックスの一つとされています。エジプトでも、結婚式は大勢のお客さんを招待して盛大におこなわれます。ほとんどの人が結婚まで親とくらし、結婚のときに、新しい家に移り住み新しい家族とくらします。

イスラームのお葬式《そうしき》は、どうなっているのでしょうか。イスラームでは、**人が亡くなると、すみやかに土葬《どそう》をしなければなりません。**次の日までには墓に埋葬《まいそう》します。ただし、同じムスリムでも、墓のようすは国や地域によってさまざまです。エジプトにも、いろいろなタイプのお墓がありますが、首都カイロにくらす中学3年生のマラワンくんの家族の場合は、ピラミッドのすぐ近くに一族のお墓があります。この地域のお墓はほとんどが、男性用・女性用・幼くして亡くなった子ども用の三つがセットになっています。墓参りにきた人は、お墓に水をかけたり、コーランを暗唱したりします。隣国《りんごく》のサウジアラビアなどでは、たとえ王族の墓でも、石や棒を立てただけの簡素なものが好まれます。

▲マラワン一族の墓

❷ エジプトの一日、そして一年

◆中学3年生のマラワン

次に、エジプトの一日、一年を見ていきましょう。前ページで少し紹介《しょうかい》した**マラワン**は、カイロにくらす中学3年生、14歳の男の子です。お母さんと2人のお兄さんの4人家族です。両親が離婚《りこん》したため、お父さんは別の家に住んでいます。マラワンは家族のなかでいちばん幼い末っ子のせいか、やさしい甘《あま》えん坊《ぼう》です。お母さんはスペイン語の観光ガイドで、家にはよく外国人のお客さんがやってきます。

マラワンはスポーツが得意で、近所のサッカーチームでゴールキーパーとして活躍《かつやく》しています。勉強をするとすぐ疲《つか》れてしまいますが、どんなに疲れていてもサッカーの練習を休むことはありません。クラブでのチーム練習以外でも、近所の友だちとも暇《ひま》があればサッカーをしています。最近は、携帯《けいたい》のゲームやSNS《エスエヌエス》で友だちとやり取りをするのも楽しみです。ときどき、別々にくらすお父さんの家に遊びに行くこともあります。

▲ガイドをするお母さん（右から４人目）

▲マラワン

マラワンがくらすエジプトの首都カイロは、**ギザのピラミッド**で有名です。マラワンの家は、まさにピラミッドの正面に位置しています。カイロの中心地からは車で40分ほどかかりますが、マラワンがくらす地域も都会の一部です。

◆マラワンとイスラーム

宗教（イスラーム）は、マラワンが得意な科目の一つです。マラワンが通う私立の学校では、**宗教の時間にイスラームかキリスト教のどちらかを選ぶ**ことができます。マラワンは小さいころから週に1日か2日、家でシャイフ（イスラームの知識が豊富な人）に教えてもらっているので、コーランの暗唱が得意です。宗教の時間には学年の代表でコーランの暗唱をすることもあります。それでも、学校から帰ってきたあとにモスクに行ったり宗教行事に参加したりすることは、ほとんどありません。礼拝《れいはい》も、いつもは1日5回、家で一人でおこないます。

マラワンがいちばん強くイスラームについて考えるのは、サッカーの試合の前や学校の試験の前です。**よい結果が残せるよう神様に祈《いの》るとき、いつも以上に神様の存在を感じる**そうです。

◆マラワンの一日

では、マラワンの一日の過ごし方をのぞいてみましょう。

〔7時―起床《きしょう》〕

起きると、まず**朝の礼拝**をします。眠《ねむ》いときもありますが、礼拝をすると目が覚めます。礼拝は、ムスリムに欠かせません。みんな幼いころから練習を始め、早ければ小学1年生になるころには一人で礼拝をします。エジプトのようにムスリムが多い国では、学校の「宗教」の時間に礼拝の方法についても学びます。

⬅

〔7時30分—登校〕

学校には、スクールバスで通います。自宅の近くまでバスが迎《むか》えにきます。朝食は、とる時ととらない時があります。

⬅

〔8時—学校到着〕

学校の制服は学校指定のジャージです。授業料の高い私立学校の制服はジャージスタイルが一般《いっぱん》的です。一方、公立学校と授業料の安い私立学校の制服は、シャツとスラックス／スカートが一般的です。

⬅

〔10時30分—休み時間〕

学校の購買《こうばい》で買った簡単なお菓子《かし》を休み時間に友だちと食べます。

朝の礼拝

スポーツクラブへの車中でも、勉強。

就寝

⬅〈15時─帰宅・昼食〉
帰宅後、16時ごろに昼食をとります。昼食は1日のメインの食事ですが、日本と比べると時刻は遅《おそ》めです。白米かエジプトのパンと、野菜と肉の煮込《にこ》みかフライドチキンと、サラダのようなものを食べます。お母さんが仕事でいない日は、近くのおばあちゃんの家にご飯を食べにいくこともあります。

⬅〈16時30分─スポーツ・クラブ〉
週に3回スポーツクラブでサッカーの練習があります。スポーツクラブに行かない日は、家庭教師による授業や、コーランのレッスンがあります。なにもない時間は昼寝《ひるね》をします。

⬅〈21時─夕食〉
夕食も日本と比べると遅めです。パンにチーズやタマゴか、ピザ、またはエジプトのパンとソラマメの煮込みを食べます。

⬅〈21時30分─家庭教師〉
週に4日家庭教師と勉強をします。家庭教師が来ない日も自分で勉強をします。

エジプトでは、毎日数時間、宿題や自宅学習をするのがふつうです。マラワンも、3歳《さい》ごろから毎日帰宅後に勉強をしてきました。勉強中心の生活は大学受験まで続きます。

〔24時—就寝《しゅうしん》〕⬅

日付が変わるころ、眠りにつきます。

◆エジプトの一年

次に、エジプトの一年を見ていきましょう。

エジプトの学校は2学期制で、9月なかばに始まり、5月末で終わります。秋学期と春学期のあいだに3日から2週間ほど休みがあり、夏休みはだいたい3カ月あります。日本より長いですね。学校が休みとなる宗教的祭日は、毎年同じ日が休みになるわけではありません。マラワンが通っている私立の学校には、ムスリムもキリスト教徒もいますが、宗教にかかわる大きな休みのときには、学校はお休みになります。たとえば、コプト教（キリスト教の一派）クリスマス、断食明《だんじき》けの祭り、犠《ぎ》牲《せい》祭などのときです。ただし私立学校の場合、こうした国民の祭日がすべて休日になるとは限りません。逆に、国民の祭日でなくても学校の都合でお休みになることもあります。

祭日のなかでも、とりわけ子どもたちが楽しみにしているのが、**断食明けの祭りと犠牲祭**です。どちらも3日間学校が休みになります。それぞれの家庭でごちそうを作り、友だちや家族を訪問し合っておおぜいで祝います。それだけではありません。断食明けの祭りでは、おとなからおこづか

《もっとくわしく》

エジプトの祭日　2016年（ヒジュラ暦《れき》1437～38年）

1月	6日	コプト教クリスマス　⬅ キリスト教
	25日	1月革命記念日
4月	25日	シナイ半島解放記念日
5月	1日	メーデー、コプトイースター　⬅ キリスト教
	2日	シャムエルネシーム（シャンム・アン＝ナスィーム）
6月	30日	公的休日（前モルシ大統領抵抗《ていこう》記念日）
7月	6日	断食《だんじき》明けの祭り（～8日）　⬅ イスラーム
	23日	7月革命記念日
9月	11日	犠牲《ぎせい》祭（～13日）　⬅ イスラーム
10月	2日	イスラーム新年　⬅ イスラーム
	6日	軍事記念日
12月	12日	ムハンマド生誕《せいたん》祭　⬅ イスラーム

国家の記念日やイスラームの行事だけでなく、キリスト教の行事が多いこともわかりますね。上の表中のコプト教はキリスト教の一派で、エジプトの人口の約1割を占《し》めています。

5月の「シャムエルネシーム」は古代エジプトから続く、春の訪れを祝う祝日といわれています。この日は家族や親戚《しんせき》、友だちとピクニックに出かけ、特別な魚を食べたり、タマゴに色を塗《ぬ》ったりして遊びます。

いをもらったり、新しい服を買ってもらったりする習慣があります。こうした国民の祭日は、博物館や遺跡《いせき》の入場料が無料（エジプト人のみ）になるため、どこも地元の人びとでにぎわいます。夏休み中の数週間、マラワンは従妹たちと海辺ですごします。

◆家庭で屠《ほふ》るヤギ・羊

犠牲祭のとき、金銭的余裕《よゆう》のある家ではそれぞれの家庭でヤギや羊、または牛を屠ります。犠牲祭の前になると町の辻《つじ》つじにヤギや羊が連れてこられて売りに出されます。マラワンのように、町のなかに住んでいる家庭ではどうでしょう。やはり犠牲祭の前には生きたままのヤギや羊を購入《こうにゅう》し、テラスや屋上で飼育します。

犠牲祭の当日には、肉屋のおじさんが各家庭を回り屠ります。初日は内臓、2日目以降は赤身の肉でごちそうをつくります。固まる前の血を手に付けて家のかべに手形をつけると一年健康にすごせるといわれています。ちなみに、マラワンの従妹やおばあちゃんの家では一年中屋上でヤギや羊を飼っています。小さいうちに購入し、大きくおいしくなるまで育てます。

▲犠牲祭

▲海水浴を楽しむマラワン一家

❸ インドネシアの一日、そして一年

◆インドネシアってどんな国?

次に登場するのは、**インドネシア**にくらす**カイラ**です。その紹介《しょうかい》の前に、インドネシアという国のあらましを説明しましょう。

インドネシアは東南アジアの国です。首都ジャカルタがあるジャワ島やスマトラ島、バリ島など、大小1万3000以上の島々からなります。赤道直下に位置しているので、一年を通して非常に暑く、雨もたくさん降ります。人口は約2億7千万人（2019年）で、ほぼ日本の2倍、世界では4番目の多さです。**国民の約87%がムスリム**ですが、観光地で有名なバリ島は、ヒンドゥー教徒が大半を占《し》めています。国の経済は、かつては石油や天然ガスなど資源の輸出に頼《たよ》っていました。しかし今世紀に入り、機械類の生産を中心とした工業が成長しています。

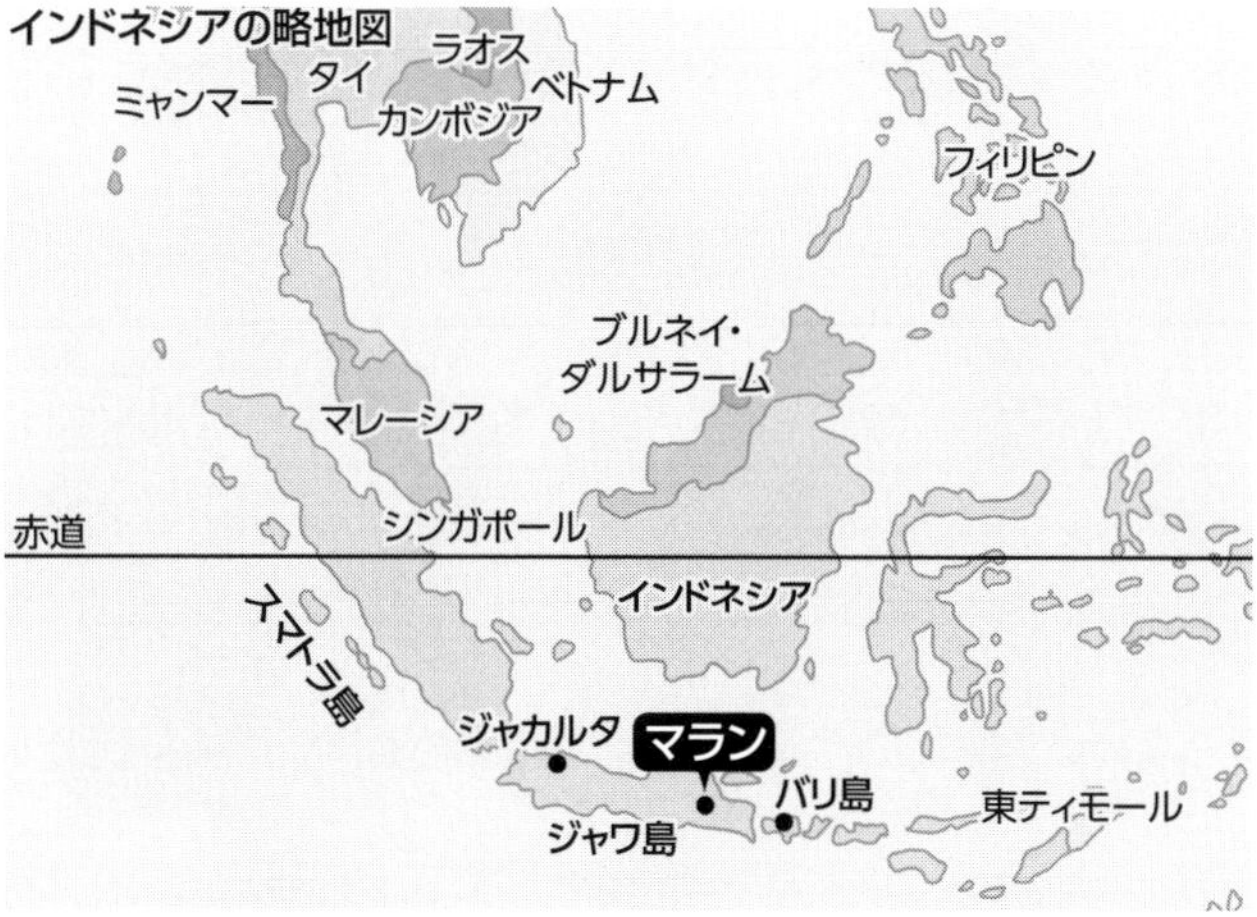

◆小学3年生のカイラ

では、カイラを紹介しましょう。カイラは、8歳《さい》になる小学校3年生の女の子です。どちらかというとおとなしい性格で、お兄ちゃんと踊《おど》りが大好きです。

カイラが住んでいるのは、インドネシアのジャワ島東部、マランという町の近くです。マランは東ジャワ第2の都市ですが、カイラがくらしているのはマランからさらに車で30分ほどの農村です。

カイラはこの農村の家に、お父さんとお母さん、お兄ちゃんのマルフェルの計4人で住んでいます。カイラとマルフェルの名前は両親がつけてくれました。名前からは、その人の宗教はあまりわかりません。カイラは、やんちゃなマルフェルとはちがい、ふだんは家で長い時間を過ごします。一家の末っ子で、だれとでもすぐ仲良くなれる人懐《ひとなつ》こい性格です。家ではメメというサルと、チコとボニタという2匹《ひき》の犬を飼っています。

▲カイラ

◆カイラの一日

カイラの趣味《しゅみ》は、小学校に入ってから学校の課外活動で始めたタリ・ガンビョンというジャワ舞《ぶ》踊《よう》です。地域のイベントではおおぜいの人の前で踊りました。

では、カイラの一日の過ごし方をのぞいてみましょう。

〈5時30分—起床《きしょう》〉

6時頃《ごろ》、パンと卵などを食べます。

⬅

〈6時15分—登校〉

学校には、お父さんが運転するバイクに乗って向かいます。約10分で到着《とうちゃく》します。

⬅

〈6時25分—学校到着〉

学校には1週間のうち6日通います。学校のお休みは、日曜日です。

制服は全部で4種類あります。金曜日だけは、バティックというインドネシアの伝統的なスタイルの制服で通います。

⬅

〈11時—帰宅〉

迎《むか》えにきたお父さんのバイクに乗って帰宅します。

⬅

〈15時—コーラン学校〉

週に3回、モスクのコーラン学校に行きます。そのときは、髪《かみ》

コーラン学校へ

金曜日の制服

朝食

の毛を覆《おお》うスカーフをつけて、**全身を覆うブサナー・ムスリムというスタイル**でモスクに通います。

コーラン学校がない日や休日は、家で友だちと遊びます。

〈18時30分―夕食〉

18時に帰宅してまもなく、夕食。主食は白米。おかずは牛肉と野菜の炒《いた》めものなどを食べます。

〈21時―就寝《しゅうしん》〉

エジプトのマラワンとちがって、早めに床《とこ》につきます。

◆**インドネシアの一年**

インドネシアの学校は、7月に始まり6月に終わります。赤道に近いので季節の変化がなく、日本の夏休みや冬休みとはちがって、季節に合わせたお休みはありません。宗教的なものでいちばん長いお休みは、**ラマダーンという断食《だんじき》月のお休み**で、断食月の最後の2日から断食月が明けて3日まで、この5日間はおとなも仕事が休みになります。学年末から新しい学年のあいだには2週間のお休みがあるため、ラマダーン月と学年末が重なると、1カ月間学校がお休みになります。

インドネシアでは、それ以外にもいろいろな宗教の祭日があります。カイラはムスリムの通う公立の学校に通っていますが、学校はイスラーム以外の宗教の祭日もお休みになります。ムスリム以外の人びとも、**イスラームの祭日には学校も仕事もお休み**になります。

《もっとくわしく》

インドネシアの祭日　2016年（ヒジュラ暦《れき》1437〜38年）

1月	1日	新年
2月	8日	中国の新年
3月	9日	ヒンドゥー教新年　⬅ ヒンドゥー教
	25日	聖金曜日　⬅ キリスト教
5月	1日	メーデー
	5日	キリスト昇天《しょうてん》祭　⬅ キリスト教
	6日	ムハンマド昇天祭　⬅ イスラーム
	22日	釈迦《しゃか》誕生日《たんじょうび》　⬅ 仏教
7月	4日	政令指定休日（〜5日）
	6日	断食《だんじき》明けの祭り（〜7日）　⬅ イスラーム
	8日	政令指定休日
8月	17日	独立記念日
9月	12日	犠牲《ぎせい》祭　⬅ イスラーム
10月	2日	イスラーム新年　⬅ イスラーム
12月	12日	ムハンマド生誕祭　⬅ イスラーム
	25日	クリスマス　⬅ キリスト教
	26日	政令指定休日

インドネシアの祭日は、新年、メーデー、独立記念日、クリスマスをのぞき、毎年変わります。政令指定休日で連休になるよう調整されているところは、日本と似ています。イスラームだけでなく、さまざまな宗教の休日を大事にしています。

イスラームについては、学校とコーラン学校で勉強をします。いまカイラが勉強をしているのは、**六信五行**《ろくしんごぎょう》などイスラームの基本的で重要な事柄《ことがら》です。ときどき家で礼拝《れいはい》もしますが、**断食明けの祭り**と**犠牲祭**《ぎせいさい》には家族で近所の広場にお祈《いの》りにいきます。カイラはいつもイスラームのことを考えているわけではありません。しかし、このときは神様について考えます。広場でお祈りをしたあとに親戚《しんせき》で集まって食事会をすることを、とても楽しみにしています。

◆東南アジア独特の祭り「ハリラヤ」

インドネシアやマレーシアでは、断食明けに**ハリラヤというお祭り**を行います。このときは、ふだんあまり行き来のない親戚の家を訪れたり、友だちを呼んでパーティーをしたりします。ハリラヤで必ず食べる料理があります。それはちまき。格子《こうし》状に編んだヤシの葉に包まれたちまきは、このお祭りならではの食べ物で、ハリラヤを祝って送り合うカードのデザインにもなっています。ハリラヤの時期には、町がハリラヤの飾りでとてもにぎやかになります。

❹ 日本の一日、そして一年

◆中学3年生のらな

日本にも、ムスリムの子どもがたくさん住んでいます。そのひとり、**らな**を紹介《しょうかい》しましょう。

らなは、神奈川県の公立中学校に通う中学3年生の女の子です。２人姉妹の次女で甘《あま》え上手、活発な性格のため、友だちもたくさんいますが、そのなかでいちばん背が低いことに悩《なや》んでいます。小さいときはお父さんの出身地であるエジプトに住んでいましたが、小学校に上がるころからはずっと日本でくらしています。ふだんは日本でお母さんとお姉さんと３人でくらし、夏休みのあいだだけエジプトで商店を経営するお父さんのもとで４人で過ごします。

学校の部活には入っていませんが、ヒップホップダンスを習いに地域のスポーツクラブに通っています。年間10回近く公演があるので、いつも新しい振《ふ》りつけを覚えなければならずたいへんです。中学1年生の冬休みからＳＮＳ《エスエヌエス》を始めましたが、受験生なので、勉強とＳＮＳとで1日の時間が足りません。高校生になったら、ダンスのほかにもアルバイトを始め、自分の自由になるお金を手にしてみたいと思っています。

◆お菓子《かし》が食べられない？

ふだんの生活で、らなは礼拝《れいはい》をしたりイスラームについて考えることはほとんどありません。それでも食事の前には、**「ビスミッラーヒル ラハマーニル ラヒーム（慈《いつく》しみ広く、情け深いアッラーのお名前において）」**と言ったり、食後には**「アル＝ハムド・リッラー（神に賛《たた》えあれ）」**と言ったりします。

らながいちばんイスラームや神様について考えるのは、友だちと

▲らな

同じお菓子を食べることができないときです。**ムスリムであることで豚《ぶた》を食べないようにする**ことは習慣の一部になっています。そのため、豚由来の成分がふくまれることの多いコンソメ味のポテトチップを食べることができません。また、レストランではいちいち肉の種類を聞かなければなりません。イスラームの決まりとはいえ、こうしたことはめんどうだと感じています。とくに、修学旅行で特別メニューを頼《たの》まなければならなかったときは、うんざりしました。特別メニューを頼んだ人は、そのメニューがあらかじめ用意されている先生の隣《となり》の席に座る必要があり、仲のいい友だちと離《はな》れて食事をしなければならなかったからです。

◆らなの一日

最近では、自分で選んだ覚えのない宗教を信仰《しんこう》し、それに従って自分が生きることに疑問を抱《いだ》いています。小さいころはがんばっていた断食月《だんじきづき》の断食も、やらなくなりました。それでも、**学校の友だちや先生がイスラームについてまちがったことを言ったり偏見《へんけん》をもった発言をしたりすると腹が立ちます。**

では、らなの一日の過ごし方をのぞいてみましょう。

〔午前5時45分―起床《きしょう》〕

朝は早起きをして、くせ毛をヘアアイロンで伸《の》ばします。ヘアアイロンはクリスマスプレゼントにお母さんに買ってもらいました。

⬅

〈7時30分—登校〉

学校までは徒歩15分です。

⬅

〈12時40分—昼食〉

お弁当《べんとう》を毎日もっていきます。

⬅

〈16時30分—帰宅〉

部活はしていないので、授業が終わるとそのまま帰宅します。

⬅

〈17時—ダンス〉

週に2回、スポーツクラブのダンスチームでダンスを練習します。ダンスのない日は、英会話教室に通うほか、おじいちゃんが勉強を教えにきます。

⬅

〈20時—夕食〉

日本のふつうの家庭料理を食べます。ただし、豚肉は食べません。

⬅

ダンス教室

夕ご飯

コーランを覚える
ためのおもちゃ

〈20時30分―勉強〉

学校の予習や復習の時間です。コーランの章句がかかるパソコンのおもちゃなどを使って、イスラームの勉強もします。ボタンを押《お》すと、重要なコーランの章句がかかり、子どもでも楽しくコーランを覚えることができます。小さいころはコーランも一生懸命《いっしょうけんめい》覚えていましたが、最近は興味がわきません。

〈22時30分―就寝《しゅうしん》〉⬅

インドネシアのカイラより遅《おそ》いですが、エジプトのマラワンよりは早い時刻に床《とこ》につきます。

◆日本の一年

らなの一年は、学校行事を中心に進みます。国民の祝日は、友だちと出かけたり、遊んだりすることができる重要な日です。しかし、そのときどきに必ずするようなイベントはありません。むしろ小学校に入学してからは、バレンタイン、ハロウィン、クリスマスといったキリスト教の楽しいイベントが自分のなかで重要になってきました。とくにクリスマスはカップルで過ごすイベントとして、友だちに彼氏《かれし》や彼女《かのじょ》ができたかどうかが気になります。ハロウィンやクリスマスは、エジプトにいたころから楽しんできた行事です。

らなもイスラームの祭日には、**ヒジュラ暦《れき》の日**をカレンダーで確認します。そして、エジプトの従妹やおばあちゃん、おばさんやおじさんにお祝いの電話をします。とくにラマダーンはエジプトにいたころ、らなのお気に入りの行事でした。みんなで食べる断食明けの食事は楽しいし、断食明けの祭りにおこづかいをもらって従妹と買い物にいくのも楽しみでした。でも去年から日本の夏休みとラマダーンが重ならず、エジプトで従妹たちとラマダーンを過ごせなくなりました。みんなと過ごせないラマダーンはつまらないので、今年は断食もやめました。

ところで、一般にイスラームの子どもたちは、いつから断食をすると思いますか。**幼いころから練習を始め、10歳《さい》を過ぎるころには大人と同じ時間に断食をする**ようになります。ただし、家庭によって断食させる年齢《ねんれい》にはいくらかのちがいがあります。

◆一人になって考えるイスラーム

らなの姉、高校2年生のあやは、いま南米のチリに1年間留学をしています。チリはキリスト教徒が多い国で、あやの身近にはムスリムはいません。通っている私立の学校もカトリック（キリスト教の一派）の学校で、カトリックについて教える授業があります。

日本ではイスラームにそれほど興味がなかったあやも、チリに来てから、イスラームについて考えたり、イスラームについて話をしたりすることが増えました。さらにラマダーン中、一人で断食をし、学校でも先生にお願いをして宗教の授業でイスラームについて発表しました。これまで以上にイスラームについて知りたいと思い、日本やエジプトの家族にイスラームについて質問をすることも増えました。

❺ アメリカ合衆国の一日、そして一年

◆小学6年生のヴェフビ

最後に**アメリカ合衆国**にくらすムスリムの少年を紹介《しょうかい》しましょう。小学6年生の男の子、11歳《さい》の**ヴェフビ**です。

ヴェフビは算数や理科が大好きで、学校では数学クラブと科学オリンピッククラブに入っています。どちらかといえばもの静かで、家族からは理系オタクといわれることもあります。その一方、サッカーチームで活躍《かつやく》するという活発な一面もあります。家庭でも、家族のやりとりを端《はし》っこでニコニコ見ているかと思うと、突然《とつぜん》サプライズをしかけたりする、意外性のある性格です。リーダータイプではありませんが、人を楽しませること、人と楽しむことが大好きです。学校の生徒会でも活躍しています。

ヴェフビはニュージャージー州北部の町にくらしています。ニュージャージー州はアメリカ北東部に位置し、ニューヨーク州と川をはさんで向き合っています。ヴェフビの家

族は6人で、高校で物理を教えるお父さん、製薬会社で働くお母さん、中学生のお姉さん、保育園に通う弟、それに高校生の従妹とくらしています。中学生の姉、レイラにはいたずらばかりして怒《おこ》られていますが、5歳になる弟のゼフニにはとてもやさしいお兄ちゃんです。ヴェフビはアメリカで生まれ育ちましたが、**お父さんとお母さんはトルコからアメリカに移民としてやってきました。**友だちにも、トルコ出身のアメリカ人がたくさんいます。

放課後は、主にサッカーの練習をします。いま所属しているサッカーチームで遠征《えんせい》試合に行くこともあります。サッカーをしていない時間の多くは、お母さんとの「そのまえに宿題を済ませる」、という約束をまもりながら、友だちとオンラインゲームを楽しんでいます。

◆ヴェフビの一日

では、ヴェフビの一日の過ごし方をのぞいてみましょう。

〔7時30分―起床《きしょう》〕 ⬅

起きるとすぐに朝食。シリアルやパンにチーズなど、簡単なものを食べます。

〔8時―登校〕 ⬅

お父さんかお母さんが車で学校に送ってくれます。

▲ヴェフビとお父さん

〈12時―昼食〉

お弁当《べんとう》か給食を食べます。学校給食では、ムスリムに配慮《はいりょ》したハラール食品も選べます。

〈16時30分―放課後〉

主に、サッカーの練習をします。

〈18時―夕食〉

17時ごろに帰宅《きたく》。そのあと夕食で、ほとんど家で食べます。ふだん食べる料理の多くはトルコ料理です。外食のときは豚肉《ぶたにく》を避《さ》けるため、野菜や魚を中心にしたメニューを選びます。

〈22時―就寝《しゅうしん》〉

夜更《よふ》かしはしません。

休日の過ごし方も、少し紹介しておきましょう。

土曜日はトルコ文化センターでイスラームやトルコ語を学びます。日曜日は家族で遊びに出かけます。

弟と一緒にハロウィン

サッカーの練習風景

登校時のスタイル

◆アメリカ合衆国の一年

ヴェフビの学校はアメリカのほとんどの学校と同じ2学期制で、9月に秋学期が、3月に春学期が始まります。学期のあいだにまとまったお休みがあり、夏休みは3カ月続くとても長いお休みです。また、クリスマスにも1週間ほどの休みがあります。

ヴェフビが一年で**いちばん楽しみにしているのが、自分の誕生日《たんじょうび》とイスラームの祭日**です。ヴェフビの誕生日は、年間でいちばん暑くなる7月27日ですが、毎年、友だちを呼んでお泊《と》まり会をします。また**ラマダーン後の断食《だんじき》明けの祭り**には、家族や集まった友だちと楽しく過ごします。どちらの日にも、お祝いに子どもたちにはプレゼントやお金が贈《おく》られます。

イスラームの祭日には、ヴェフビはトルコ文化センターでおこなわれる宗教行事にも参加します。しかし、いつも心待ちのイベントばかりではありません。楽しくないイベントもあります。毎年おこなわれるニュージャージー州の学力テストです。ヴェフビは成績優秀ですが、それでもテストは緊張《きんちょう》します。

◆イスラームは、どこで学ぶ?

では、イスラームのことは、どこで学ぶのでしょう。ヴェフビが通う私立学校には、イスラームやキリスト教など宗教を教える時間はありません。イスラームについては、学校が休みの土曜日に**トルコ文化センター**で学んでいます。文化センターでは、**コーランの暗唱のほか、イスラームが大事にする価値観など**について勉強しています。毎日礼拝《れいはい》を欠かさない、とはいきませんが、ヴェフ

《もっとくわしく》

アメリカ合衆国の1年　2016年（ヒジュラ暦《れき》1437～38年）

1月	1日	新年
	18日	キング牧師記念日
2月	15日	大統領の日
4月	15日	奴隷《どれい》解放記念日
5月	8日	母の日
	30日	戦没者追悼《せんぼつしゃついとう》記念日
6月	19日	父の日
7月	4日	独立記念日
9月	5日	労働者の日
10月	10日	コロンブスの日
11月	11日	退役軍人の日
	24日	感謝祭　⬅ キリスト教
	25日	感謝祭後日　⬅ キリスト教
12月	12日	ムハンマド生誕《せいたん》祭　⬅ イスラーム
	25日	クリスマス　⬅ キリスト教
	26日	休日代休

アメリカの学校は、２学期制です。イスラームの宗教行事が、祭日になることはありません。コロンブスの大陸到達《とうたつ》、イギリスの植民地支配からの独立、奴隷解放、公民権運動（黒人差別の撤廃《てっぱい》）など、アメリカ合衆国の歩みが暦《こよみ》に反映されています。

ビは自分では信仰心《しんこう》が篤《あつ》いほうだと感じています。**神様のことをいちばん強く考えるのは、礼拝をしているときと、学力テストなど結果が問われるとき**です。

◆最後に――ムスリムのくらし「同じところ、ちがうところ」

ムスリムのなかには、先祖代々イスラームを信仰している人がいます。４人の子どもたちのように、生まれながらにムスリムとして育つ人びとがいるのです。一方、イスラーム以外の宗教をもつ家庭に生まれ育ち、おとなになって自分でムスリムになる決断をする人びともいます。このように、自分の意志でもともとのものとはちがう宗教を信仰するようになることを改宗といいます。

先祖代々イスラームを信仰してきた人も、改宗した人も、なにがイスラームとして正しいことなのか、ムスリムはどのように生きるべきかを、自分自身で考えていかなければなりません。イスラームの聖典であるコーランや預言者ムハンマドの言行録であるハディース（43ページ）だけでなく、学校の宗教の時間に習得する知識、両親や親戚《しんせき》、身近なおとなや友人などまわりの人たちに教わったこと、テレビやインターネットで得た情報など、さまざまな知識や情報に触《ふ》れながら、日々考えていく必要があるのです。

一人ひとりのムスリムの考え方や生きる姿は、地域によっても、時代によってもちがいます。そして同じ人でも年齢《ねんれい》によって、また結婚《けっこん》や身近な人の死など、その人が経験した出来事によって変化します。ムスリムとしての考え方や生き方として、そのうちのどれが正しく、どれがまちがっているのかを判断することは決して簡単なことではありません。

自分の信仰の良し悪《あ》しは「神様だけが知っている」。これは、ムスリムがしばしば口にする言葉です。ある人間が熱心なムスリムか、いい加減なムスリムなのかは、周囲からの見た目で判断できるものではない、という意味の表現です。そしてまた、信仰とは自分と神様のためにあるもので、他の人間のためにするものではない、という意味でもあります。

世界のあらゆる場所にムスリムが生きるいま、一人ひとりの生き方も多様化しています。しかし、イスラームがいつでも自分の人生をよりよいものにしてくれるという思いは、多くのムスリムが共通して持っているものでしょう。一人ひとりのムスリムがイスラームを信仰しながら生きている。こうした意識がムスリムをつなぎ、イスラームをかたちづくる根本の一つになっているのです。

〈第2部・著者　鳥山純子《とりやまじゅんこ》〉

第3部

★

イスラームと世界

第1章 イスラームの広がり

❶ 世界のなかのイスラーム

◆さまざまな宗教が混在

第2部でみなさんは、イスラームが中東だけでなくアジアやアメリカにも広がっていることを知りました。イスラームが広がった社会にくらしているのは、ムスリムだけではありません。ヨーロッパやアメリカ、そして日本はもちろんのことですが、アラブ地域の国ぐにのように現在ムスリムが多数を占《し》める社会にさえ、キリスト教徒をはじめ、ムスリム以外の人びとが大勢くらしています。前に紹介《しょうかい》したエジプトも、人口の約1割がコプト教（キリスト教の一派）の信者です。

さらに以前は、ユダヤ教徒（90ページ）も多く共存していました。現在も中東や地中海沿岸の国ぐにを訪れると、キリスト教の教会はもちろん、シナゴーグというユダヤ教の礼拝所《れいはい》を見ることができます。主な都市の中心部に残されているこれらの建物は、**ムスリムがその長い歴史のなかでムスリム以外の人びとと共に生きてきたこと**を示す証《あかし》と言えるでしょう。

◆宗教都市エルサレム

その代表が、**エルサレム**です。西アジアの地中海東岸から少し内陸に入った都市で、城壁《じょうへき》に囲まれた旧市街を中心に、**イスラーム、キリスト教、ユダヤ教の三つの宗教の聖地**が集まっています。

イスラームの聖地の一つが、**岩のドーム**。いまから1300年ほど前に建てられました。ドーム内には、そこから預言者ムハンマドが天界をめぐる旅に出かけたとされる巨大《きょだい》な岩があります。

聖墳墓《せいふんぼ》教会というキリスト教の聖地もあります。イエス・キリストが十字架《じゅうじか》にかけられた場所に建つ教会で、内部にはイエスのお墓もあります。キリスト教徒にとってとても神聖な場所なのですが、教会の扉《とびら》の鍵《かぎ》はムスリムに委《ゆだ》ねられています。いったい、なぜでしょうか。ムスリムが鍵をうばったのでしょうか。いえ、そうではありません。教会の管理権をめぐり、キリスト教徒のあいだで争いが絶えなかったためです。

ユダヤ教の聖地も点在しています。その代表が**なげきの壁《かべ》**です。エルサレムにはユダヤ教の巨大な神殿《しんでん》が立っていましたが、2000年ほど前、ローマ軍によって破壊《はかい》されました。「なげき

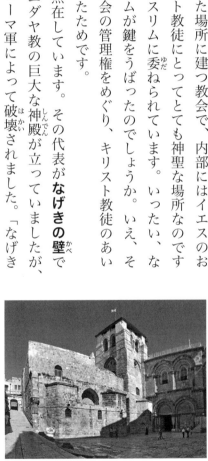

▲聖墳墓教会

▲岩のドーム

の壁」は、その神殿の西の壁と伝えられています。テレビ映像などで、壁に手や頭をふれながら祈《いの》りを捧《ささ》げるユダヤ教徒の姿を見たことがある、という人も多いでしょう。ユダヤ教の神殿跡《あと》ですが、ムスリムにもゆかりがあります。預言者ムハンマドをメッカからエルサレムまで運んだ有翼《ゆうよく》の白馬が繋《つな》がれた場所として知られているのです。ムスリムは、その白馬の名前にちなんで、この壁のことをブラークと呼んでいます。

エルサレムは現在、イスラエルが支配しており、永久に不可分の首都としました。しかし、国際社会はこれを認めていません。1981年には、「エルサレムの旧市街とその城壁群」として、世界文化遺産《いさん》に登録されました。

《もっとくわしく》

ユダヤ教ってなに？

▲なげきの壁

ユダヤ教はイスラームよりも前に生まれた宗教です。キリスト教の母体ともなった宗教で、中学の教科書では、世界有数の**民族宗教**（ユダヤ民族）として説明されています。

ユダヤ教徒は、**自分たちを唯一の神ヤハウェに特別に選ばれた民**と考えています。この考え方を**選民思想**《せんみんしそう》といいます。ユダヤ教徒は、モーゼなどの預言者を通じてヤハウェから授けられた啓典《けいてん》（トーラー）に従って生きることとされています。選民思想をのぞけば、一神教という点など、イスラームと共通点の多い宗教といえるでしょう。イスラームの教えでは、**ヤハウェはアッラーだ**とされています。

❷ イスラームの広がり方

◆アラビア半島から東西へ

それでは、世界に広がるなかでイスラームにどのような変化があったのか、イスラーム以外の信《しん》仰《こう》やそれを信じる人びととどのような関係を築いたのか、くわしく見ていくことにしましょう。

ムハンマドが7世紀のはじめにイスラームの教えを人びとに説き始めてから、およそ16年のあいだに、イスラームはアラビア半島全体に広がりました。アラビア半島を統一したムスリムたちは、その後わずか100年ほどのあいだに、西は現在のスペインやポルトガルがあるイベリア半島、東は現在のパキスタンにいたる広大な領土を武力で手に入れます。現在これらの地域では、ムスリムが多数を占《し》めています。

◆ゆっくり進んだイスラーム化

このように書くと、「イスラームは暴力で信仰を広めた乱暴な宗教じゃないか」と思うかもしれません。ただ、**征服《せいふく》された土地にくらす人びとのあいだにすぐイスラームが広まったわけではありません。** 多くの人びとは、しばらくはこれまでの信仰を保ったまま、イスラーム社会の一員としてくらしました。

たとえば、エジプトやイベリア半島のように、比較的《ひかくてき》早い時期にイスラームに征服された地域でさえ、ムスリムの数が多数派となるのは、征服後300年以上経《た》ったあとのことと言われています。このように、征服された土地にくらす人びとの多くがイスラームを受け入れるまでには長い時間がかかりました。「コーランか剣《けん》か」の言葉に代表される、**征服した土地の住民に対し、改宗するか戦うかの選択《せんたく》をせまるムスリムのイメージは、まったくの誤解**と言えるでしょう。

イスラームの広がりは、ムスリムの軍事遠征によるものばかりではありません。たとえば、インド、中国や東南アジア、あるいはアフリカにイスラームが広まる際には、ムスリムの商人やスーフィーのはたらきが大きかったと考えられています。スーフィーとはイスラーム神秘主義者のことで、のちほどくわしく紹介《しょうかい》します。また、ヨーロッパやアメリカ大陸にイスラームが広まった最初のきっかけは、第1次世界大戦や第2次世界大戦のあとに、出稼《でかせ》ぎのために数多くのムスリムが移住したことでした。

◆改宗の理由

次に、人びとがイスラームに改宗した理由を考えてみましょう。もちろん、イスラームの教えが多くの人びとにとって魅力《みりょく》的だったこともありますが、そのほかにも理由がありました。

その一つは、**税金の支払《しはら》いを少なくするため**に改宗した人びとです。昔のイスラーム社会には、ムスリム以外の人びとだけが納めなければならない税金があり、この義務から解放されるためには改宗するしかありませんでした。次に、出世するために改宗した人びともいました。たとえば、政府の役人になった場合、ムスリム以外の人びとが就《つ》くことのできる地位は限られており、高い地位に就くためにはイスラームに改宗することが必要だったのです。
迫害《はくがい》から逃《のが》れるために改宗した人びともいました。宗教対立が周辺の人びとをまき込《こ》むということは歴史上、何度かくり返されました。11世紀から15世紀にかけて散発的に続いた、十字軍とイスラーム勢力の対立がその代表です。西ヨーロッパのキリスト教徒が十字軍を組織して中東を侵略《しんりゃく》したとき、非道な行いに出ることも少なくありませんでした。十字軍は、中東のムスリムのあいだにはキリスト教徒に対する反感を生み出しました。この反感の高まりが、十字軍時代以降の中東でイスラームへの改宗が増加した一因と考えられています。

《もっとくわしく》

十字軍による被害《ひがい》

右の絵は、ムスリムがたてこもる都市（右）に**討《う》ち取ったムスリムの首を投げ込《こ》む十字軍の戦士たち**（左）のようすを描《えが》いたものです。

西ヨーロッパのキリスト教徒たちは、キリスト教徒のエルサレムへの巡礼《じゅんれい》がムスリムに妨害《ぼうがい》されていると主張して十字軍を派遣《はけん》しました。しかし、実際にはそのような妨害はおこなわれていませんでした。反対に、**十字軍はエルサレムに進軍する途中《とちゅう》、土地を荒《あ》らし、多くの人命を奪《うば》う**など、イスラーム社会に大きな被害をもたらしました。

❸ 聖者信仰《せいじゃしんこう》ってなに？

◆「聖者」にご利益《りやく》を求めるムスリムたち

イスラームは、アッラー以外の存在を崇《あが》めることを厳しく禁じてきました。預言者ムハンマドさえ、一人の人間にすぎないことを強調するアッラーのことばが伝えられているほどです。しかし、歴史上の多くのムスリムは、一見するとこの戒《いまし》めに違反《いはん》するかに見える信仰を営んできました。それは、**不思議な力（バラカ）をもち、人びとにご利益をもたらすとされた「聖者」に対する信仰**です。

この聖者信仰がさかんになったのは、いまから900年ほど前のことでした。当時、厳しい修行をすることでアッラーに近づこうとした人びとが、ムスリムの大きな尊敬を集めるようになったのです。こうした人びとを**スーフィーといい、この一部が聖者と見なされるようになった**のです。

スーフィーの聖者は一般《いっぱん》のムスリムよりもアッラーに近づいた存在であり、それゆえに人びとの願いをアッラーにとりなす力があると考えられました。その力は、死後もその体に宿り続けるとされたため、聖者の墓にはこの世でのご利益を求めるムスリム（ときにはムスリム以外の人びとも）が大勢お参りに訪れるように

▲スーフィ（前列）**とその弟子たち**（後列）

なったのです。

右ページの写真は、1860年代のオスマン帝国（現在のトルコ）のスーフィーとその弟子たちのものです。スーフィーは、タリーカと呼ばれる教団をつくり、弟子を育てました。写真の人びとはメヴレヴィー教団に属し、音楽に合わせ集団で旋回《せんかい》する独自の修行をおこなっていました。

◆さまざまな聖者、人間以外の「聖者」

聖者とみなされたのは、スーフィーだけではありませんでした。預言者ムハンマドやその子孫もまた、バラカを持ち恩恵《おんけい》をもたらす聖者とみなされました。

たとえばエジプトでは、預言者ムハンマドの誕生《たんじょう》を記念する「預言者生誕祭」とよばれるお祭りがいまもおこなわれていますし、第一の聖地メッカに巡礼《じゅんれい》する際に、ムスリムは第二の聖地メディナにあるムハンマドの墓にお参りすることをならわしとしています。あるいは、次項《じこう》で紹介《しょうかい》するシーア派（97ページ）の人びとのあいだでは、預言者ムハンマドの娘婿《むすめむこ》アリーやその子孫を一種の聖者とみなし、信仰の対象としています。さらに、人間以外の「聖者」もいました。コーランにも登場するジンとよばれる精霊《せいれい》や聖者の魂《たましい》が宿り、バラカを得たと考えられた樹木が、ムスリムの信仰を集めた例も多く見られました。

◆聖者信仰に残る古い信仰のすがた

イスラームが新たな土地に広まるとき、**その土地の人びとの古い信仰がイスラームの教えとして**

とり入れられることがしばしばありました。これにより、イスラームの教えが人びとのあいだにより広まりやすく、また定着しやすくなったと言われています。

たとえば、現在もなお多くのムスリムの信仰を集める聖者ヒドル（ハディィル）のように、イスラーム以前の伝説的人物が聖者となる例もありました。ジンが宿ると見なされた樹木へのムスリムの信仰は、イスラームが広まる前に各地にあった精霊に対する信仰をムスリムが受け継《つ》いだものと考えられています。聖者の誕生日を祝うお祭り（アラビア語ではマウリド）の一部は、イスラームの暦《こよみ》（ヒジュラ暦《れき》）ではなく、イスラーム以前から使われていた暦に従っておこなわれることから、古い信仰と深い関係があるとされています。

下のイラストは、エジプトの地方都市タンタにある大聖者アフマド・アル＝バダウィーの墓にお参りする人びとを描いたものです。毎年10月におこなわれる彼《かれ》のマウリドは、エジプト最大の規模《きぼ》を誇《ほこ》ります。また、写真はエジプト第二の都市アレクサンドリアでおこなわれる、あ

▲アレクサンドリアでのマウリド

▲タンタにある大聖者の墓への参拝

る聖者のマウリドのようすを撮影《さつえい》したものです。たくさんの露店《ろてん》が立ち、遠くからも多くの人びとがおとずれ、縁日《えんにち》のようなにぎわいを見せます。

❹ 枝分かれするムスリム

◆大きな二つの宗派

ムスリムは、みんなが同じ教えを信仰《しんこう》しているのでしょうか。何かちがいはあるのでしょうか。唯一の神アッラーを信じ、ムハンマドをその預言者と認めることに関して、ムスリムのあいだに意見のちがいは見られません。しかし、その他の部分には少なからずちがいがあります。そのちがいのため、現在までに多くの分派（グループ）が生まれました。

よく知られているのが、**スンナ派**と**シーア派**です。スンナ派はムスリムの多数を占《し》めるいわば主流派で、**イスラームといえばスンナ派の信仰のことを指すことが多い**です。これから紹介《しょうかい》するシーア派は、代表的な分派です。現在はイラン、イラク、バハレーンなどで多数派となっています。

◆シーア派の成り立ち

預言者ムハンマドが生きていたあいだは、ムスリムはその指導の下、ひとつのイスラーム共同体（ウンマ）としてまとまっていました。しかし、ムハンマドの死後、だれがそのあとを継《つ》ぎ、イスラーム共同体の指導者（カリフ）となるべきか、意見のちがいが生まれました。多くの人びとは、ムスリムのあいだでおこなわれる選挙や、前の指導者の指名によって新しい指導者が選ばれるべきだと考えました。

しかし、一部の人びとがムハンマドの娘婿《むすめむこ》であるアリーこそが指導者にふさわしいと主張したのです。実際、後にアリーは指導者となりますが、それに反発した人びとにより間もなく殺されてしまいます。アリーの死後、その支持者たちは、**指導者の地位はアリーの子孫にのみ受け継がれるのだと主張**し、独自の宗派をかたちづくりました。これが、**シーア派のはじまり**です。

◆シーア派の分裂《ぶんれつ》

その後、アリーの子孫のなかのだれに指導者の地位が受け継がれたのかをめぐり、シーア派の人びとのあいだに意見のちがいが生まれました。そして、さらなる分裂をくり返すようになったのです。ちなみに、スンナ派はイスラームの指導者をカリフとよびますが、シーア派はイマームと

シーア派の分布図

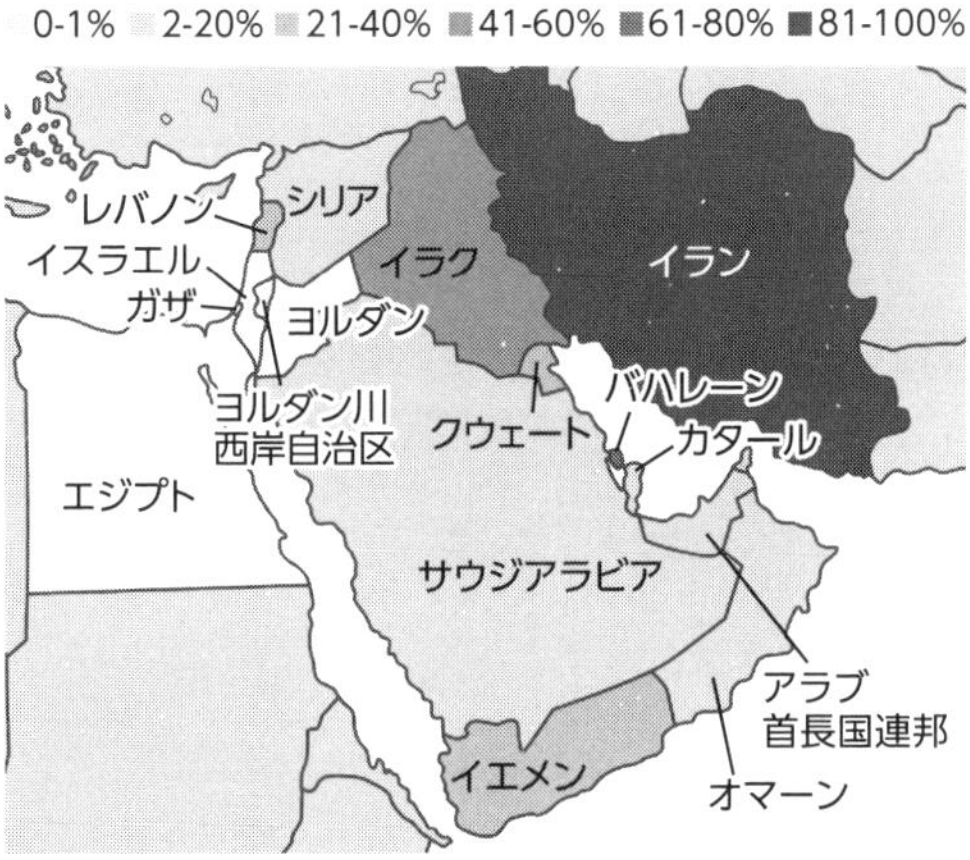

よびます。現在、シーア派のなかで最も大きな勢力は12イマーム派とよばれ、イランでは国の宗教となっています。**単にシーア派とよぶ場合、12イマーム派のことを指す**場合がほとんどです。

◆12イマーム派以外のシーア派

このほか、シリアを中心にトルコやレバノンなどにも、シーア派の信者がいます。

たとえば、現在のシリア政府のなかで力を持っている**アラウィー派**も、シーア派の一派です。ただしアラウィー派の人びとが信じる教えは、スンナ派とはもちろんのこと、12イマーム派など他のシーア派ともかなり異なっています。そのために、グラート（極端《きょくたん》派）とよばれ、異端視《いたんし》する人も少なくありません。アラウィー派の人びとは、アリーを人間の姿をしたアッラーとみなして神格化するほか、キリスト教起源のまつりをおこない、キリスト教に似た教えを持っています。また、死後、善人の魂《たましい》は人間に、悪人の魂は獣《けもの》に生まれ変わるとする「輪廻《りんね》思想」を信じるなど、イ

《もっとくわしく》

アリー・シーア派初代イマーム

シーア派により初代イマームとされる**アリー**は、いち早くイスラームに改宗しました。そして、預言者ムハンマドの娘《むすめ》ファーティマと結婚《けっこん》し、二人の男子をもうけました。ムハンマドの死後、スンナ派**第４代カリフ**となりましたが、反対者により暗殺されました。この絵は、ムハンマド（中央）がファーティマ（白衣の人物）とアリー（右はし）の結婚を認めた場面を描《えが》いたものです。

スラーム以外の宗教の影響《えいきょう》が色濃《いろこ》く見られます。

❺ イスラーム法の成り立ち

◆イスラーム法とは

イスラーム法とは、**この世に生きるムスリムが従うべき決まりごと**です。アラビア語でシャリーアとよばれるイスラーム法には、礼拝《れいはい》や断食《だんじき》などイスラームの信仰《しんこう》に関する決まりだけではなく、結《けっ》婚《こん》や商いなどムスリムの日々のくらしに関する決まりもふくまれます。その詳細は、第1部で紹介《しょうかい》しましたね。もともと、これらに関する決まりはアッラーの命令（啓示《けいじ》）として預言者ムハンマドが人びとに伝えていました。しかし、ムハンマドが亡くなると、アッラーの命令は途絶《とだ》えてしまいました。アッラーの命令を直接受け取ることができるのは預言者だけであり、ムハンマドはアッラーが人間社会に送った最後の預言者と考えられていたためです。

◆時代と環境《かんきょう》の変化

そのためムスリムたちは、**コーランとしてまとめられたアッラーの命令や、預言者ムハンマドの言葉や振《ふ》る舞《ま》いを参考に、善きムスリムとして生きよう**と努めました。こうしたムハンマドの言葉や振る舞いをアラビア語では**スンナ**とよび、スンナの記録をハディースとよびます。ハディースについても、第1部で少し説明しました（43ページ）。

しかし、コーランやスンナは、ムハンマドが生きていたころのアラビア半島の状況《じょうきょう》や環境に適したものであったため、それらを参考にするだけでは判断に迷うことがしだいに多くなりました。ムハンマドのころにはなかった新しいものが次々とあらわれたり、イスラームが広がるに従って、アラビア半島とは環境がまったく異なる土地にムスリムがくらすようになったりしたためです。

◆イスラーム法をめぐるさまざまな意見

そのため、ムスリムたちはコーランとスンナを伝えるハディースを基本としながらも、**時代や環境の変化にも対応するように、イスラーム法を作り上げていきました。**その役割を担ったのは、アラビア語で**ウラマー**とよばれるイスラーム法学者です。しかし、新しい決まりごとを定める際、コーランとハディースのほかに、なにをどの程度参考にするのか、法学者のあいだで意見が分かれました。コーランとハディースの厳密な解釈により新しい決まりごとを導き出すべきだと考

▲カイロのアズハル・モスクの中庭に集うウラマー（1850年代）

える法学者がいた一方、各地の慣行や個々の法学者の見解も参考にしようと主張する法学者もいたのです。

その結果、スンナ派のあいだには4つの考え方が、シーア派には2つの考え方がかたちづくられました。ただし、そのようなイスラーム法に関する考え方のちがいがムスリムのあいだに、大きないさかいをもたらすことはありませんでした。**たがいに相手の考えを尊重し、ムスリムとして共存してきた**のです。

❻ さまざまな巡礼《じゅんれい》のかたちとその役割

◆聖地への巡礼

第1部で紹介《しょうかい》した「礼拝《れいはい》」や「断食《だんじき》」とならび、**アッラーがムスリムにおこなうことを命じた行《こう》為《い》に「巡礼」というもの**があります。巡礼とは、聖なる場所にお参りをすること。アッラーは、預言者ムハンマドが生まれた街であるメッカにお参りすることを命じています。また、メッカへの巡礼は、ヒジュラ暦《れき》の12月にあたるズー・アル＝ヒッジャ（巡礼月）の8〜10日に、定められた順序・方法に従っておこなうこととされています。このメッカ巡礼をアラビア語では「**ハッジ**」とよびます。巡礼月以外におこなわれるメッカ巡礼は、アラビア語で「ウムラ」とよばれ、アッラーがムスリムに命じた義務としてのメッカ巡礼（ハッジ）とは区別されています。

航空路が整備される20世紀後半まで、中東（現在のアラブ諸国、トルコ、イラン）やアフリカに住むムスリムは主に陸路、インドや東南アジアに住むムスリムは主に海路でメッカをめざしました。

◆メッカ巡礼のむずかしさ

交通機関が発達した現在もなお、メッカ巡礼は多くのムスリムにとって、肉体的・経済的に負担の大きい行為です。しかし、昔はさらに多くの困難がありました。メッカへの旅は現在よりはるかに長い時間がかかり、旅の途中《とちゅう》で病気や事故で命を落とすことはめずらしいことではありませんでした。

そのような事情のためか、巡礼は「旅する余裕《よゆう》がある場合に限り」おこなうよう、コーランには記されています（第3章97節）。実際に、いまから170年ほど前、蒸気船で巡礼できるようになる直前の時期でさえ、巡礼者の数は一説には11万人程度と、限られていました（現在は年間200万人以上）。そのため、**メッカ巡礼を終えて無事に帰郷したムスリムは「ハーッジ」（ハッジ）とよばれ、周囲の尊敬を集めた**のです。

巡礼者の数が限られていたとはいえ、ハッジのような長距《ちょうきょ》離《り》の移動が必要な行為《こうい》が義務とされたことで、イスラーム社会は人びとの往来のさかんな社会となりました。交通路を整

▲ 1880年のメッカ巡礼のようす

え、可能な限り旅の安全を守ることは、各地の支配者の重要な仕事と考えられたのです。これによって、交通網《もう》の整備が進んだともいわれます。また、イスラーム社会では、メッカに向かう途中で商売する商人や、他の学者を訪ねて意見を交換し、新たな知識を学ぼうとする学者の姿もひんぱんに見られました。このように、**数多くの人・モノ・情報がハッジを通じてイスラーム社会をかけめぐることになった**のです。

◆貧者のメッカ

ハッジをおこなう余裕のなかった大多数のムスリムは、どうだったのでしょうか。巡礼と無縁《むえん》の生活を送ったかというと、決してそうではありませんでした。イスラーム社会の各地には聖者とよばれる人びとがおり、その墓には多くのムスリムがご利益《りやく》を求めお参りに訪れました（94ページ）。こうした行為はズィヤーラ（参詣《さんけい》）とよばれ、とくに知識人のあいだではムスリムの義務であるハッジとは明確に区別されていました。

しかし、一部の聖者のお墓ではお参りの際にハッジに似た儀式《ぎしき》がおこなわれました。庶民《しょみん》のムスリムにとって、聖者の墓へのお参りは時にハッジの代わりとなったと考えられています。モロッコには別名「貧者のメッカ」とよばれる聖者の墓があります。お参りするムスリムのあいだでは、ここに7回お参りするとハッジを1回おこなったのと同じ意味がある、と考えられています。

第2章

イスラームと他者

❶ イスラーム社会を支えるしくみ

◆寄付は当然の行為《こうい》

この章では、イスラーム世界を支えるしくみについて見ていきましょう。

巡礼などと同じように、ムスリムの義務とされたものに「喜捨《きしゃ》」があります。**「喜捨」とは、他人の利益のために寄付をおこなうこと**で、アラビア語ではザカートあるいはサダカとよばれました。喜捨をして他人を助けることは、当然ながら善い行いとされ、来世で天国に行くためにも必要な行いと考えられていました。そのため、義務として強制される喜捨（ザカート）だけでなく、自発的な喜捨（サダカ）もさかんにおこなわれていました。とくに、支配者や大商人など裕福《ゆうふく》な人びとにとり、自発的な喜捨をおこなうことは天国に行くためだけでなく、**自分たちが善きムスリムであることを社会に示し、権威《けんい》や名声を保つため**にも重要なことでした。

◆ワクフのしくみ

自発的に喜捨をおこなったことを広く社会に示すために、ムスリムはアラビア語で「ワクフ」とよばれるしくみを用いました。**ワクフは、自分の土地や建物をアッラーにささげ、だれの手にもわたらないようにし、土地や建物が生む利益を末長く他人のため、社会のために活用できるようにするしくみ**でした。

たとえば、畑の持ち主は、自分の畑をアッラーにささげ、畑で栽培《さいばい》した作物、あるいはその作物を売ることで得たお金をモスクの運営のために役立てました。あるいは、建物の持ち主が、自分の建物をアッラーにささげ、建物を人に貸して得たお金（賃料）を学校の運営のために役立てることもありました。また、ワクフにより運営された施設《しせつ》には、その施設を建設し、土地や建物を喜捨した人びとの名前が付けられました。これにより、その人が喜捨をおこなった事実が広く社会に知らされ、来世のみならず現世《げんせ》における利益ともなったのです。

下の絵は、エジプトのモスクの内部のようすです（1840年代）。ワクフによって運営されたこの建物は、学校の機能も兼《か》ね備えた大きな複合施設で、たくさんの人がここで勉強しました。

▲ワクフによって運営されたモスク

◆社会を支えたしくみ

ワクフというしくみがイスラーム社会で広まったのには、ムスリムとして善い行いをしたいという思いのほかにも理由がありました。それは、**自分の子孫にまとまった財産を残したい**、という思いです。ワクフによりアッラーにささげられた土地や建物には、有給の管理人を置くことが定められていました。その管理人の仕事を子孫が代々受け継《つ》ぐことにより、子孫の生活を保証することができましたし、ワクフによりアッラーにささげられた土地や建物は以後、他人の手にわたることが禁じられたため、財産が一族の手を離《はな》れる事態も防ぐことができたのです。このように書くと、ムスリムは個人の利益のためだけにワクフを利用したと思うかもしれません。しかし、ワクフにより数多くの公共の施設が支えられていたことは紛《まぎ》れもない事実です。また、一族の生活を守るためにこのしくみが使われた場合も、一族が死に絶えたときには、孤児《こじ》など苦しい立場の人びとのために役立てると決められていました。

ワクフを通じ支えられていたのはムスリムだけではありませんでした。たとえば、水飲み場などイスラーム社会全体に不可欠な施設を維持《いじ》するためにも用いられました。キリスト教徒やユダヤ教徒などムスリム以外の人びともまたこのしくみを用いて、**自らの財産を守るためだけでなく、公共のために土地や建物を活用していた**のです。

❷ ムスリム以外の人びととの関係

◆共存のしくみ

第3部の冒頭《ぼうとう》で見たように、ムスリムに征服《せいふく》された土地の人びとがイスラームに改宗するまでには、長い時間がかかりました。また、イスラームに改宗しなかった人びともいました。歴史上のイスラーム社会はムスリム以外の人びとの存在を当たり前と考える社会だったと言えるでしょう。

イスラーム社会の支配者はムスリムであり、**イスラームはその他の信仰《しんこう》よりも優位**に立っていました。そのことをムスリム以外の人びとが認めさえすれば、平和に共存するためのしくみがイスラーム社会にはありました。ムスリム以外の人びとはイスラームの保護（ズィンマ）の対象、すなわち庇護民《ひごみん》（ズィンミー）となり、信仰の自由が認められ、生命や財産も保障されました。ズィンミーとなりえたのは、当初はイスラームと同じ一神教であるユダヤ教やキリスト教の信者のみでしたが、後にはそれ以外の宗教の信者がズィンミーと認められる場合もありました。

◆ズィンミーの苦労

しかし、ズィンミーとして生きることは、ムスリム以外の人びとにとって良いことばかりではありませんでした。常にそうするように強制されたわけではありませんでしたが、彼《かれ》らはさまざまな決まりごとを守らなければなりませんでした。

たとえば、ムスリムと簡単に区別できるように定められた服装をすること、特定の色（預言者やイスラームに深い関わりのある緑色）を使用しないこと、武器を持ち歩かないこと、さらには馬に乗らないことなどが定められていました。現在は、このような決まりは廃止《はいし》されています。

◆日常生活での交流

次に、日常生活でのムスリムとズィンミーの関係をくわしく見てみましょう。ムスリムが社会の多数派になるに従って、ムスリム以外の人びととほとんど関係を持たずに生活するムスリムも増えていきました。

しかし、ユダヤ教、キリスト教、イスラーム3つの宗教の聖地があるエルサレム（89ページ）をはじめ、都市では両者の交流や接触《せっしょく》はひんぱんに見られました。彼らが同じ地区にくらすことはごくふつうにありましたし、同じ職種どころか、同じ職場で働くこともめずらしくありませんでした。さらに、**おたがいの信仰や文化すら共有すること**もありました。イスラームの教えを厳格に守るべきだと考える一部の知識人から

は、他の宗教の行事への参加をイスラームの道を踏《ふ》み外すものであると厳しく批判されましたが、ほとんどのムスリムにとってめずらしいことではありませんでした。

たとえばエジプトには、第2部で少し紹介《しょうかい》しましたが（67ページ）、シャンム・アン＝ナスィームという春を祝うお祭りがあります。これはもともとキリスト教徒のお祭りでしたが、いつしかムスリムも一緒《いっしょ》に祝うようになり、現在も続いています。ムスリムがご利益《りやく》を求めてユダヤ教やキリスト教の聖者の墓にお参りすることもありましたし、復活祭やクリスマスといったキリスト教徒の行事に参加することもありました。

インドでは、いまから1000年ほど前にインド北部で活躍《かつやく》したとされる伝説的ムスリム戦士の墓がとても大切にされています。ムスリムだけでなく、ヒンドゥー教徒など、それ以外の人びとからの信仰も集めているのです。

もう一例、紹介しましょう。下の絵は、チェスを楽しむユダヤ教徒（左）とムスリム（右）の姿を描《えが》いたものです。イスラームの支配下にあった当時のイベリア半島（現在のスペインとポルトガル）には、同様の絵がたくさん残されています。こうしたことからも、**ムスリムと異なる信仰を持った人びとが日ごろから交流を持っていた**ことがよくわかるでしょう。

▲チェスを楽しむユダヤ教徒とムスリム

❸ アラビア語──イスラーム社会の共通語

◆イスラームのほんの一部の言語

イスラーム社会の共通語ともいわれるアラビア語についても見ていきましょう。

国連の公用語の一つにも選ばれているアラビア語は現在、およそ3億人が用いていると推測されています。しかし、ムスリムの数が現在18億人とも言われていることを考えると、アラビア語はムスリムが用いる言葉の一つにすぎないと言えるでしょう。実際、世界中にくらすムスリムが日常生活で使う言語は、昔もいまもさまざまです。また、話し言葉としてのアラビア語（アーンミーヤという）には、各地にさまざまな方言があり、場合によってはたがいの意思疎通《そつう》が困難なほどのちがいがある場合もあります。しかし、歴史を振《ふ》り返ると、とくに**書き言葉としてのアラビア語（フスハーという）はムスリムにとって重要な言語**であり、いまも昔もそれは変わりません。

◆信仰《しんこう》のことばとして

イスラームが誕生《たんじょう》する以前、アラビア語はアラビア半島北部にくらしていた人びとが主に用いていた言葉にすぎませんでした。しかし、コーランに記された啓示《けいじ》の内容が、アラビア語でムハンマドに伝えられたことにより、

▲コウノトリのかたちにデザインされたアラビア語の文章

アラビア語はムスリムにとって啓典《けいてん》の言語となり、信仰上欠くことのできない言語になったのです。アッラーがアラビア語で啓示を人類に伝えた以上、アラビア語の知識抜《ぬ》きにはその内容を正しく理解することはできません。ムスリムは、アラビア語以外に翻訳《ほんやく》されたコーランをコーランとは認めず、コーランの解説書としています。そのため、イスラーム社会では多くのムスリムがアラビア語を学び、アラビア語文法の研究が著しく発展することになりました。

◆学問・商業のことばとして

イスラーム社会におけるアラビア語の重要さは、信仰の分野にとどまりません。歴史上、イスラーム社会ではさまざまな学問の研究や教育がアラビア語でおこなわれてきましたし、商売もアラビア語でおこなわれてきました。学者や商人が広大なイスラーム社会を旅し、自分の生まれ育った故郷から遠く離《はな》れた土地で学問を修めたり、商売をおこなったりしたことはすでに巡礼《じゅんれい》のところで見ましたが、**アラビア語の存在抜きにそのような活動は不可能だった**と考えられています。

後にイスラーム社会の拡大にともない、ペルシア語（イランの言語）やトルコ語など、アラビア語以外の言語を用いるムスリムも増えていきますが、それらの言語にもアラビア語の単語が数多く取り入れられていきました。

◆人びとを結ぶことばとして

中東、とくにアラブ地域では、アラビア語はムスリムだけのものではありませんでした。ムスリ

《もっとくわしく》

美しいアラビア文字、アラビア語の世界

●主なあいさつ言葉

アラビア語は、右から左へと読みます。

السلام عليكم

「こんにちは」
アッサラーム　アライクム

فرصة سعيدة

「はじめまして」
フルサ　サイーダ

مع السلامة

「さようなら」
マアッサラーマ

●デザイン化されたアラビア文字

イスラームは、偶像《ぐうぞう》を崇《あが》めることを厳しく戒《いまし》めました。アッラー以外の存在を崇めることにつながると考えたからです。そのため、モスクに像や人物画などが飾られることはありませんでした。代わりに**アラビア語をデザイン化し、モスクの壁面《へきめん》を美しく装飾した**のです。

●アラビア語を用いている国

アラビア語を用いている国は、西アジアから北アフリカに集中しています。イスラエルと西サハラをのぞく、これらの地域の国ぐには**アラブ連盟**が 1945 年に結成し、相互《そうご》の交流や友好関係の強化に努めています。

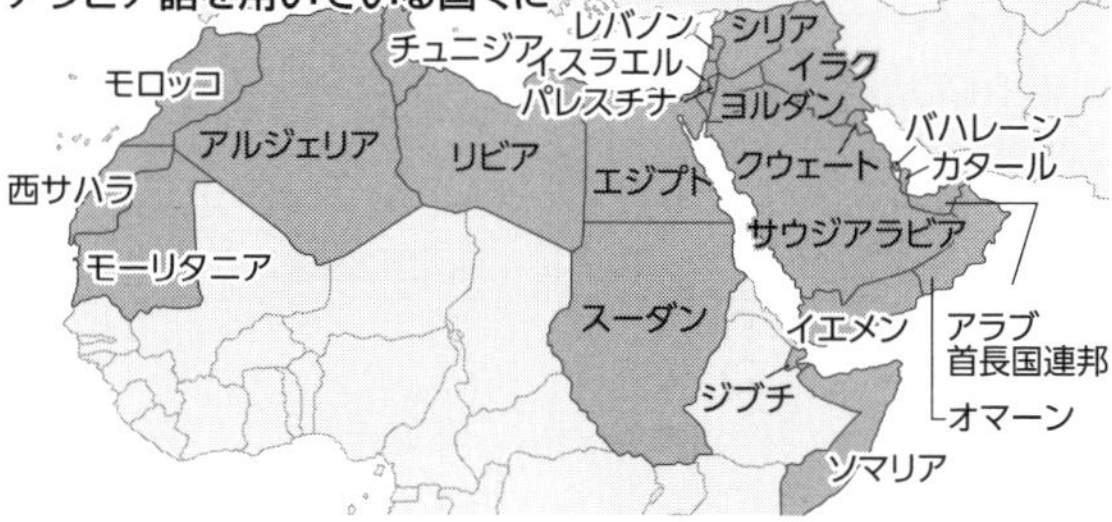

ム以外の人びとも、日常生活でしだいにアラビア語を使うようになりました。こうした人びとがアラビア語以前に用いていた言語のなかには、いまも信仰上の儀式《ぎしき》に用いられているものもあります。

このように、ムスリムとムスリム以外の人びとがともにアラビア語を使うようになったことは、両者が共存し、交流することに役立ちました。また、いまから150年ほど前に、ムスリムとムスリム以外の人びとのあいだの対立が激しくなり始めたとき、**アラビア語は両者に「アラブ人」としての自覚を促《うなが》し、対立を克服《こくふく》するために重要な役割を果たす**ことになったのです。

第3章

イスラームと世界

❶ イスラーム社会と科学の発展

◆古代ギリシア科学の受容と発展

現在のわたしたちのくらしは、ヨーロッパ社会で発展したさまざまな科学に支えられています。そのもとになったのは、古代ギリシア社会が生み出した科学でした。しかし、古代ギリシアの科学は、直接ヨーロッパ社会に伝えられたわけではありませんでした。まず、**イスラーム社会の知識人たちが古代ギリシアの科学を受け継《つ》ぎ、アラビア科学としてさらに発展させた後にはじめてヨーロッパ社会に伝えられた**のです。

イスラーム社会に古代ギリシアの科学に対する関心が高まったのは、750年にバグダード（現在のイラクの首都）を中心にできたアッバース朝の時代のことでした。ムスリムが支配する領土が拡大すると、当時のイスラーム社会はアラビア語だけでなく、さまざまな言語を話す人びとがくらす社会となっていました。彼《かれ》らの協力を得て、アッバース朝第7代カリフのマアムーンの時代（813

〜833年）には、バイト・アル＝ヒクマ（智恵《ちえ》の館）とよばれた研究所で、数多くの古代ギリシア科学に関する本がアラビア語に翻訳《ほんやく》され、アラビア科学の発展の礎《いしずえ》が築かれました。結果、アッバース朝時代にはアラビア科学の担い手たちが数多くあらわれることになります。

◆ヨーロッパ社会への伝達

このようにして発展したアラビア科学が、後にヨーロッパ社会に伝わることになります。では、それはいつ、どのようにして起こったのでしょうか。通信手段や交通機関が発達した現在とは状況《じょうきょう》が異なります。知識の伝達がおこなわれるのは、イスラーム社会とヨーロッパ社会が境を接し、日ごろから直接交流を持つことができた地域に限られました。それは、イベリア半島（現在のスペインとポルトガル）やイタリア半島の南にあるシチリア島などでした。

ここではイベリア半島に焦点《しょうてん》をあてることにしましょう。イベリア半島の大部分がイスラームの支配下に入ったのは、714年のことです。ムスリムから土地を奪《うば》い返そうとするキリスト教徒がいた一方、アル＝アンダルスとよばれたイベリア半島のイスラーム社会には、ムスリムと平和的に共存するキリスト教徒もいました。そのなかから、改宗はしないもののイスラーム文化の影響《えいきょう》を受け、アラビア語を話すなど、一見するとムスリムと区別がつかない人びとがあらわれたのです。彼らはまわりからモサラベとよばれました。モサラベとは、「アラブ化した人」を意味するアラビア語をもとに生まれたことばです。その後、しだいにモサラベたちの住む地域が再びヨーロッパ社会に取り込《こ》まれたことにより、アラビア科学をヨーロッパ社会に伝える道すじが築かれました。以上のように、**ヨーロッパとイスラーム、ふたつの社会のことばを知るモサラベの協力のもと、アラビア科学の知識がヨーロッパ社会に伝えられた**のです。

◆身近なアラビア科学・アラビア語

アラビア科学は、現在のわたしたちの身近な生活にも生かされています。飛行機械、カメラ、鉗子《かんし》などの手術道具。これらはいずれも1000〜1100年ほど前のイスラーム社会で発明されたり、その原理が発見されたりした品々です。イベリア半島で活躍《かつやく》した学者・詩人のアッバース・ブン・フィルナース（〜887年）は、世界に先駆《さきが》けて飛行機械の発明を試みたことで知られています。

アラビア科学の貢献《こうけん》のなごりは言語からもうかがえます。わたしたちがよく使っていることばのなかには、**アラビア語を語源とする単語がたくさんある**のです。多くは英語の単語として伝わってきました。そのいくつかを紹介《しょうかい》しましょう。（　）はもとになったアラビア語です。

アルコール（アル＝クフル）　ナトリウム（ナトルーン）　キャッスル（カスル）
サファリ（サファル）　カフェ（カフワ）　シュガー（スッカル）

※　ジクリト・フンケ（高尾利数訳）『アラビア文化の遺産』（みすず書房、2003年）より

❷ イスラーム社会とヨーロッパ

◆交流から対立へ

中世、ヨーロッパ（とくに西ヨーロッパ社会）とイスラーム社会のあいだでは貿易などを通じた交流がおこなわれました。前の単元で紹介《しょうかい》した科学的知識の伝達のように、イスラーム社会はヨーロッパ社会にたくさんの影響《えいきょう》をあたえ続けました。また、ヨーロッパ社会には、たとえばロジャー・ベーコン（1214～94年）のように、イスラーム社会に学ぼうとする謙虚《けんきょ》な姿勢を示す人びとも多くいました。ベーコンは、ヨーロッパ近代科学の父とよばれる偉大《いだい》な哲学者です。

両者の関係が大きく変わるのは、いまから400年ほど前のことです。**ヨーロッパが軍事技術を格段に進歩させ、イスラーム社会に対し武力で優位に立ちはじめた**ことがきっかけでした。その後の300年のあいだにヨーロッパ社会は、当時のイスラーム社会の大国オスマン帝国に奪《うば》われた土地を奪回《だっかい》していきました。さらに長らくイスラーム社会に属していた土地を次々と奪い、支配下におさめるようになります。

▲ロジャー・ベーコン

◆キリスト教会による分断

同時に、**ヨーロッパ社会の人びとは、イスラーム社会に住む人びととのあいだに不和をもたらす原因**もつくり出しました。ヨーロッパ商人が商売仲間として雇《やと》った一部のムスリム以外の人びとを優遇《ゆうぐう》したのです。彼《かれ》らはヨーロッパ商人と同様に有利な条件のもと商売をおこなうようになり、多くの富をたくわえていったのでした。当然、ムスリムをはじめその他の人びとの反発を招くようになります。

また、ヨーロッパのキリスト教会（ローマ・カトリック教会）は勢力拡大のために、イスラーム社会に住むキリスト教徒（東方正教会信徒など）の一部を改宗させました。自分たちの影響下に置くことにより、キリスト教徒どうしの仲も割《さ》いたのです。また、ヨーロッパ社会はイスラーム社会に

《もっとくわしく》

キリスト教徒を救ったムスリムの名士

対立が深まる一方、ムスリムとそれ以外の人びとの結びつきがまったく失われたわけではありませんでした。**ムスリムがキリスト教徒の命を救った**こともあったのです。

現在のシリアの首都ダマスカスで 1860 年に起きた騒乱《そうらん》では、**アブドゥルカーディル・アル＝ジャザーイリー**（写真の中央白衣の人物）が数多くのキリスト教徒をかくまったことが知られています。彼《かれ》は現在のアルジェリア出身のムスリムの名士でした。同じころ、信仰《しんこう》のちがいをこえて、アラビア語を話す人びとに「アラブ人」としての自覚を促《うなが》し、それにより宗教間の対立を克服《こくふく》しようとする**アラブ民族主義**が生まれています。

対する支配を維持《いじ》するためにキリスト教徒など少数派を利用し多数派のムスリムをおさえつけ、両者の不和をますます激しいものにしていきました。

◆キリスト教の歴史

キリスト教の歴史についても、少しふれておきましょう。ローマ・カトリック教会と東方正教会は、もともとは同じひとつのキリスト教会でした。しかし、ローマ・カトリック教会の指導者であるローマ教皇の優位を認めるかどうかなどで対立が生じ、最終的に1000年ほど前に分裂《ぶんれつ》、別々のキリスト教会になったのです。

さらにその後、16世紀に宗教改革という大きな出来事がおこり、ローマ・カトリック教会からプロテスタントという教派が分裂しました。日本に初めてキリスト教を伝えたフランシスコ・ザビエルは、イエズス会（カトリック教会の修道会）がプロテスタントに対抗《たいこう》するため、海外に派遣《はけん》した宣教師《せんきょうし》の一人です。ザビエルについては、学校の授業で習った人も多いでしょう。こうして、キリスト教は大きく3つの宗派に分かれることになったのです。

◆広がる差別意識と偏見《へんけん》

さて、イスラーム社会を力で支配下に置いたヨーロッパ社会には、以前のようなイスラーム社会に対する謙虚な姿勢は見られなくなりました。それどころか、自国内では自由・平等など基本的人権の尊重や博愛精神を唱えながら、支配下に置いたムスリムにはまったく正反対の態度をとり、その矛盾《むじゅん》を正当化するためムスリムに対する差別意識を強めていきました。**ムスリムを感情的で論理的な考え方ができない劣《おと》った人びとなどと見る偏見が広がっていった**のでした。さらに信じがたいことに、ムスリムに対する差別は、一部の学者により学問的に正しいものとされたのです。

このような態度が厳しく批判されるようになったのは、20世紀の後半になってからでした。

❸ イスラーム社会と日本

◆江戸《えど》時代の終わりに始まった交流

ここからは、イスラーム社会と日本の交流の歴史を見ていきましょう。

その歴史は、さほど古いものではありません。直接の交流が本格化したのは、江戸時代が終わるころです。当時、長らく続いた鎖国《さこく》が終わり、日本人が海外に出かけられるようになりました。とくにヨーロッパに出かける際には、日本からの船がイエメンやエジプトなど、アラブ諸国の港町に立ち寄りました。そのため、**ヨーロッパに向かった日本人は、自ずとイスラーム社会を直接見聞する機会を得ることになった**のです。『学問のすゝ(す)め』で知られる福沢諭吉《ふくざわゆきち》らをはじめ、幕末・明治時代の役人や知識人の多くが、ヨーロッパへの旅の途中《とちゅう》に立ち寄ったイスラーム社会に対する自身の感想を書き残しています。

◆エルトゥールル号事件

江戸時代の終わりから明治時代にかけ、日本人は自分たちと同じようにヨーロッパ諸国の脅威《きょうい》にさらされていた中東の人びととの経験を参考にしようと努めました。また現在、日本とトルコ（当時はオスマン帝国）の友好のしるしとされている**「エルトゥールル号事件」**が起きたのもこのころのことです。エルトゥールル号は１８８９年にオスマン帝国が日本に派遣《はけん》した軍艦《ぐんかん》の名前です。しかし翌年《よくねん》、オスマン帝国にもどる途中《とちゅう》、和歌山県沖《おき》で遭難《そうなん》し沈没《ちんぼつ》したのです。そのとき、沿岸の漁村（現在の和歌山県串本《くしもと》町）の人びとが懸命《けんめい》に船員の救助・看護《かんご》にあたり、多くの船員の命を救ったのです。さらに、義捐《ぎえん》金を募集《ぼしゅう》したり、政府が生存者をオスマン帝国に送りとどけたりするなど、官民をあげての支援《しえん》がおこなわれました。

住民が船員の救助活動にあたった串本町には慰霊碑《いれいひ》が建てられています。そして、町の人びとはいまも事件の記憶《きおく》を語り継《つ》ぐとともに、トルコの人びととの交流を続けています。イスラームに改宗する日本人があらわれるようになるのもこのころでした。

なお、２０１５年にはエルトゥールル号事件を題材に、日本とトルコ合作による映画『海難１８９０』も製作されました。

▲エルトゥールル号

◆日清《にっしん》・日露《にちろ》戦争以後

しかしその後、中国との日清戦争（1894年）やロシアとの日露戦争（1904年）によって、両者の友好関係にきしみが見られるようになりました。日本がヨーロッパ諸国のように朝鮮《ちょうせん》半島をはじめとする他国の土地や人びとを支配するようになると、日本人のなかにはイスラーム社会に対して、異なる見方をする人びとがあらわれるようになったのです。たとえば、イギリスやフランスの中東支配を参考にして、朝鮮半島の支配を進めようと考えた人たちです。

さらに、数多くのムスリムを抱《かか》える中国や東南アジアの支配をくわだてたときには、**ムスリムの力を利用しようとする動き**もあらわれました。太平洋戦争が起こる直前の1938年、東京にモスクが建てられました。しかし、その建設にあたっては日本政府、とくに軍部の支援《しえん》があったと言われています。軍部は、イスラームを保護・支援する日本の姿勢をアピールし、アジアのムスリムの支持を得ようとしたのでした。

◆最後に

第3部では、イスラームとムスリムが歩んできた歴史を中心に見てきました。アラビア半島に誕《たん》生《じょう》したイスラームは、アラビア半島の外の世界へと広がるなかで異なる信仰や文化を持つ人びとと出会い、彼らと交わりながらこれまで歩んできました。ムスリムは自分の信仰の正しさに確信を抱《いだ》いていましたが、異なる信仰やそれを信じる人びとを拒《こば》んだり、遠ざけたりはしませんでした。むしろ、ほとんどのムスリムは、異なる信仰を持つ人びともまたイスラーム社会の一員と考えていました。さらにムスリムのあいだにさえ考え方のちがいがありましたが、みな相互《そうご》に相手の考え方を認め、多くの場合ともにくらしていたのです。

イスラームは世界各地に根付いていた習慣や文化も受け入れながら、その姿を少しずつ変えていきました。時間の経過とともに、土地に長らくくらしてきた人びとの子孫が徐々《じょじょ》に改宗し、ムスリムになっていったわけですから、イスラームが「広まった」というよりも、土地とそこにくらす人びとがイスラームを「受け入れた」と考えたほうがむしろ正しいでしょう。第2部で見たように、現在のムスリムの姿やくらしぶりが世界各地で異なるのはそのためでもあります。

第3部でイスラームとムスリムが歩んできたこれまでの歴史を振《ふ》り返り、イスラームとはどのような宗教なのか、ムスリムとはどのような人びとか、みなさんのなかにははっきりした答えが得られずにもどかしい思いをしている人もいるかもしれません。みなさんには「イスラーム」や「ムスリム」という言葉の背後に、さまざまな考え方や文化、習慣を持った人びとがいることを感じてもらいたいと思っています。世界の一部、あるいはほんの一握《ひとにぎ》りのムスリムのふるまいを知るだけで、イスラームやムスリムのことを知ったつもりになることはたいへん危険なことです。この本が、イスラームやムスリムについてみなさんが考えるきっかけになればうれしいです。

次は最後のテーマ「イスラームのいま」について見ていきましょう。

〈第3部・著者　勝沼《かつぬま》　聡《さとし》〉

第4部

★

イスラームのいま

第1章

元気を取りもどしたイスラーム

❶ イスラーム復興ってなに？

◆一度は輝《かがや》きを失ったイスラーム

最後の第4部では、新しいイスラーム経済の発展と新しいヴェールをつけた女性たちの活躍《かつやく》を紹《しょう》介《かい》します。また、中東で起こっている戦争と紛争《ふんそう》、テロの原因を考え、宗教や民族のちがいを超《こ》えて平和に共存していく道をみなさんと一緒《いっしょ》に探っていきます。

第3部で説明したように、いまから400年前ごろから、イスラームの力はしだいに衰《おとろ》えていきました。イスラームがその輝きを失ったのは、科学技術や工業の発展によって経済力や軍事力をつけたヨーロッパの強国がイスラーム社会に進出してきたからです。その結果、**イスラーム社会はヨーロッパ諸国をお手本にして産業や社会を変えていく道を選んだ**のです。これによって、イスラーム法によるイスラーム法廷《ほうてい》やカリフ制など、それまでのイスラームの政治制度は廃止《はいし》されました。また、ワクフ（106ページ）といったイスラーム特有の経済のしくみも役割が小さくなりました。アジアやアフリカのほかの地域と同じように、ヨーロッパ諸国の影響《えいきょう》を受け、服装や生活様式もヨーロッパをまねたものに変わっていったのです。

◆イスラーム復興の動き

ところが、**1970年代末からイスラームが再び元気を取りもどす時代**が始まりました。イスラーム社会では、人びとのあいだで神を信じる気持ちが強まり、政治や経済やくらしにイスラーム本来の考え方・やり方を取り入れて、独自の発展を見せるようになったのです。こうした動きを「**イスラーム復興**」といいます。

人びとはモスクによく通うようになり、1日5回の礼拝《れいはい》の決まりを守るムスリムが増えました。また、多くの女性が外出するときに、ヴェールをかぶるようになりました。ヨーロッパ的なものだけが正しい、としてきた政治や経済のあり方を反省し、イスラームにもとづくものの考え方をもとに社会を見直す動きが強まったのです。

では、なぜイスラーム復興が起きたのでしょう。

◆イランのイスラーム革命

理由の第1は、イランのイスラーム革命に代表される政治の変化でした。イランのイスラーム革命は、アメリカと同盟を結んでいた独裁的なイラン国王に対する多くの国民の反対運動から始まりました。1979年、革命のリーダーにイスラーム指導者がなった結果、イランに新しい独自のイスラームにもとづく政治制度が打ち立てられました。この**イラン革命は、1967年に起こったイスラエルとの戦争（第3次中東戦争）に敗れて自信を失っていたアラブ諸国に夢をあたえ、ほかの国ぐにでもイスラーム復興現象を引き起こすきっかけ**になりました。

◆石油の力

第2の理由は、中東のペルシャ湾岸《わんがん》で石油が多く採れたためです。石油からの莫大《ばくだい》な収入で大金持ちになったサウジアラビアなどは、中東や南アジアからの出稼《でかせ》ぎ労働者の力を借りて、道路や港湾、超《ちょう》近代的ビルを建設し、砂漠《さばく》のなかに近代都市を出現させました。下の写真は、経済発展いちじるしいUAE《ユーエーイー》（アラブ首長国連邦《れんぽう》）のドバイの高層《こうそう》ホテルです。石油収入は中東だけでなく、世界経済にも大きな影響をあたえ、マレーシアやインドネシアといった東南アジアのイスラーム諸国も急速な経済発展を遂《と》げています。

こうした**イスラーム革命やイスラーム諸国の経済成長が、ムスリムたちにイスラームに対する自信を取りもどさせ、ヨーロッパやアメリカへの劣等《れっとう》感を吹《ふ》き飛ばした**のです。教育が普及《ふきゅう》し、とくに字が読めない女性が減ったことで、それまでイスラームの学者（ウラマー）だけが独占《どくせん》していたイスラームの知識を一般《いっぱん》の人たちも学びたいという意欲が高まりました。

▲うめ立て地に立つヨット型の高層ホテル

❷ 成長するイスラーム経済

◆ハラール食品の普及《ふきゅう》

いま、ムスリムの人口は約18億人。世界の総《そう》人口の約4分の1近くを占《し》めています。イスラーム関連のビジネスの市場は巨大《きょだい》です。なかでも注目されるハラール食品とハラール観光について見てみましょう。

イスラームでは食事についての教えがあり、それに反すると考えられる食べ物は食べることを避《さ》けられています。第2部で紹介《しょうかい》した通り（52ページ）、イスラームの教えにかなった食品であることを保証する食べ物を、**ハラール食品**といいます。近年、インドネシアやマレーシアの大都市では、イスラームの教えに従って豚肉《ぶたにく》や豚の脂肪《しぼう》を使用せず、決められた方法で処理《しょり》した肉を使っているという証明書（ハラール認証）を入り口や壁《かべ》に大きく貼《は》っているレストランをよく見かけます。

これは、生活が豊かになり外食する機会が増えたムスリムのお客さんたちに安心して食べられる食事を供給するためで、お店は売り上げを伸《の》ばしているようです。たとえば、ラーメンは豚骨《とんこつ》スープではなくて鶏《とり》や牛骨のスープ、焼き豚ではなくて牛肉や鶏肉を使っているものが人気です。ハラール・レストランは日本でも見かけるようになりました。ムスリムが世界中に住んでいることの証明ですね。ちなみに、古くからイスラームの中心的な地域であった中東の商店やレストランではハラール製品しか扱《あつか》っていないので、わざわざハラール認証を貼り出す店はほとんどありません。

ところで、特定の動物の肉をタブー（禁止）としている宗教はイスラームだけではないということを知っていますか。ユダヤ教（90ページ）も、イスラームと同様に豚肉を食べることを禁じています。それだけではありません。第2部でも触《ふ》れましたが、インドに信者が多いヒンドゥー教は、牛肉を食べることを禁じています。仏教も本来、４つ足動物の肉はすべてタブーです。日本には野菜と大豆中心の精進《しょうじん》料理がありますが、これは仏教の教えにもとづいた料理なのです。

◆巡礼《じゅんれい》や参詣《さんけい》

ムスリムの旅行といえば、まずアラビア半島にあるイスラームの**聖地メッカへの巡礼**が思いうかびます。巡礼についても、第3部で少し紹介《しょうかい》しました（１０２ページ）。巡礼はイスラームの五行、すなわちムスリムがおこなうべき5つの行為《こうい》の最後にあげられ、**余裕《よゆう》のある人は一生に一度はイスラームの発祥地《はっしょうち》であるメッカにお参りにいくこと**が勧《すす》められています。下の写真は、メッカにあるカーバ神殿《しんでん》です。渦《うず》のように見えるのは、神殿の周りをまわっている巡礼者たちです。

イスラーム暦《れき》の12月は巡礼月とされ、この月にメッカ巡礼がおこなわれます。最近では巡礼希望者が増え、10年以上も順番待ちの場合が多いようです。なお、イスラーム暦は陰暦《いんれき》です。新月か

▲メッカ（サウジアラビア）のカーバ神殿

ら次の新月までの28日間をひと月とする暦《こよみ》なので、１年が３６５日の太陽暦とは同じではありません。巡礼月が太陽暦の12月と一致《いっち》するとは限らないのです。

なお、シーア派（97ページ）のムスリムは、メッカへの巡礼だけではありません。イラクにあるアリー廟《びょう》やフサイン廟などへの参詣も奨励《しょうれい》されていて、たいへん盛んにおこなわれています。アリーはシーア派の初代イマームで、フサインはアリーの息子です。

◆ハラール観光の成長

こうした巡礼や参詣に加えて、レジャーの要素をもつ「観光」がとくに注目されるようになったのは、今世紀に入ってからです。**ハラール観光**ともいわれる新しいスタイルの観光が出現したためです。ハラール観光とは、観光と聖地や霊廟《れいびょう》への巡礼がセットになっていたり、イスラーム学習と一体化されていたりするパック旅行や個人旅行のことをいいます。**イスラームの教えに合った環境《かんきょう》で旅行ができる**のも、人気の秘密です。

たとえば、ハラール観光を受け入れるホテルは、「ハラール料理を提供する」だけでは十分ではありません。「男女別の礼拝室《れいはい》が完備されている」「部屋にはコーランと礼拝マットがそなえられている」「メッカの方向（キブラ）を示す矢印が部屋の天井《てんじょう》などに表示されている」などといった条件を満たさなければならないのです。こうしてハラール観光は、イスラーム・ビジネスの一つとして旅行代理店が増え、手ごろな値段で安心して参加できるようになったことで人気が高まり、世界じゅうのムスリムのあいだに拡大してきました。

❸ イスラーム金融《きんゆう》ってなに？ ―利子なし銀行の登場

◆金融ってなに？

1950年代、「**利子なし銀行**」という、これまでの常識をやぶる銀行が登場しました。イスラームの教えにのっとった、古くて新しい銀行です。近年、この銀行を中心に**イスラーム金融**というしくみが広がっています。この古くて新しいイスラーム金融とは、どんなものなのでしょうか。

まず、金融から説明していきましょう。金融というのは、経済活動のために必要なお金の貸し借りのしくみのことです。ふつう、私たちがお金を銀行に預けると、一定の決められた利子（利息ともいう）がつきます。いまの日本は低金利ですが、もし1年に3パーセントの利子がつく場合、あなたが1年間1万円を預けると300円の利子がつき、1万300円があなたのものになります。銀行は預かったお金を事業をおこなう会社や個人に貸し、貸した相手から利子を受け取ります。この利息が預金者に支払《しはら》う利子のもとになります。こうして人びとからお金を集めて会社や個人に貸し、事業を大きくして経済を発展させるしくみが金融です。

◆利子はいい？　悪い？

こうした現代の経済のしくみは、イスラームを厳格に解釈すると、大きな問題があります。なぜなら、コーランに「リバー」を取ってはいけないと書いてあるからです。リバーとは利子のことです。ただし、リバーを高利（高すぎる利子）を意味するという解釈もあれば、利子一般《いっぱん》だという解釈もあります。

では、なぜイスラームはリバーを禁止するのでしょうか。それは、道徳的によくないという考え方があるからです。**働かなくても、一定期間が過ぎればお金が自動的に増えるようなしくみは不健全だ**というのです。そういう考え方に立った金融方法を現代に復活させたのが、イスラーム金融です。１９５０年代、銀行の利子がイスラームで禁止されているリバーにあたるのではないかと考える人たちのために、利子をつけないイスラーム銀行がつくられはじめました。

１９８０年代になると、経済発展した産油国やマレーシアなど東南アジアのイスラーム諸国にも広がっていきました。それまで、利子はハラーム（イスラームで禁止されたこと）だと信じる敬虔《けいけん》なムスリムたちは、利子ありのふつうの銀行に預金することをためらっていました。しかし、こうして利子なし銀行ができると、安心して預金するようになったのです。

背景には、生活が豊かになってきた一般のムスリムたちが、ビジネスに投資（お金を提供）してお金儲《もう》けをすることへの関心が大きくなってきたことがありました。実はコーランには、お金をムダに使ったり貯《た》めこんだりせずに、商売でお金儲けすることを勧《すす》める章句がいくつもあるのです。

▲イスラーム金融をおこなうマレーシアのアグロ銀行（奥の建物）

◆利子なし銀行のくふう

とはいえ、銀行の経営が成り立つためには利益（儲け）は必要です。そのため、利子なし銀行はさまざまな方法を考えています。

たとえば、**ムダーラバ**と呼ばれる方法では、銀行にお金を預ける人は、銀行と共同である事業のためにお金を必要とする会社（事業者）に投資します。**投資によるリターンはありますが、利子を目当てに銀行に預けるのではない**のです。会社が事業で儲かったら、利益というリターンを預金者・銀行・会社の3者で分配し、逆に事業が失敗して損失（赤字）が出たら、3者で損失も分担するというしくみになっています。このほかにも、利子をつけずに、お金をうまく回すしくみがいくつか用意されています。

ムダーラバの仕組み

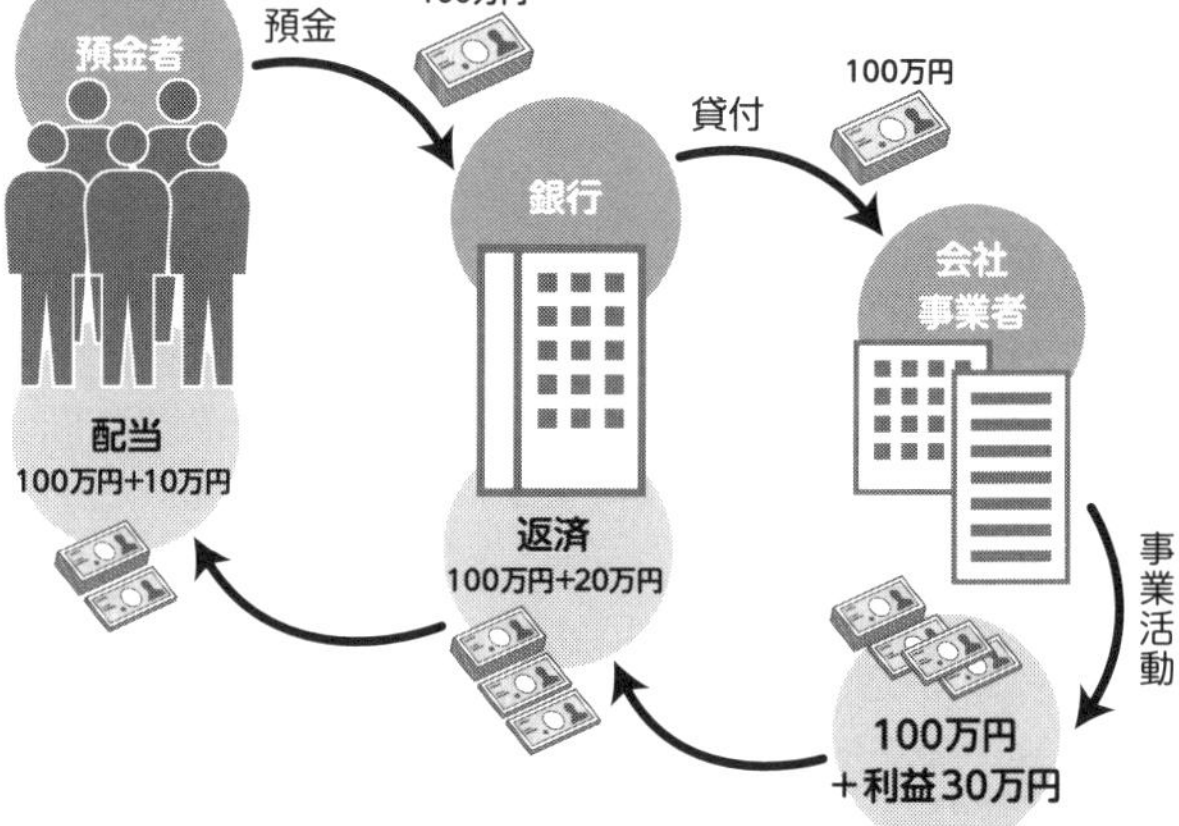

◆経済危機に強いイスラーム金融

イスラーム金融は、お金がお金を生むことを目的にしたマネーゲームやバブル経済などを引き起こす心配がありません。バブル経済とは、土地や株式などの資産価値が投機によって経済の実態以上に評価されている状態のことです。日本は1980年代後半から90年代初頭にかけてバブル経済を経験しました。**イスラーム金融には、こうした過剰《かじょう》な投機による経済混乱の危険性が小さい**のです。実際、2008年に起きた世界的な金融危機（リーマン・ショック）のときも、イスラーム金融は被害《ひがい》が少なかったといわれています。儲かればなんにでも投資する。そんな世界の一般的な金融は、道徳の面でイスラーム金融を見習ってもいいと思いませんか。

イスラーム金融のルールをまとめましょう。

① 利子をとらない。
② お金とお金だけの取引ではなく、モノやサービスへの投資である。
③ 取り引きの相手がイスラームの教えに反する事業（ギャンブル、短期で利益を得ようとする投機、アルコール、豚肉《ぶたにく》、武器、ポルノなど）にかかわっていない。

銀行がこうしたルールを守っているかを監視《かんし》する独自の機関（シャリーア評議会）も存在します。現在、イスラーム金融機関は世界90カ国以上、約1500にものぼります。世界の金融機関に占《し》める割合はまだわずかですが、その影響力《えいきょう》は小さくありません。今後ますます発展する可能性があります。

第2章

女性が切り開くイスラームの未来

❶ ヴェールを再びまとい始めた女性たち

◆新タイプのヴェールの登場

この章では、ムスリムの女性にスポットをあてます。まずはファッションから見ていきましょう。第1・2部では、コーランの解釈のしかたによって女性たちはさまざまに装《よそお》い、最近はヴェールをかぶる女性が再び増えていることを紹介《しょうかい》しました。ヴェールの着用は1950年代以降に一度すたれましたが、ここ数十年、イスラーム復興とともに再び中東地域だけでなく、東南アジアやヨーロッパ、アメリカ各地にも広がりつつあります。

イスラーム復興のなかで、女性たちは**新しいタイプのヴェール**を着用しはじめました。新しいヴェールは、従来の全身を覆《おお》う

▲従来のタイプのヴェール

ヴェールではなく、髪《かみ》の毛を隠《かく》すだけか、頭髪《とうはつ》と胸元までを隠す小さなヴェールです。しかも、かつてのような黒一色ではなく、カラフルでおしゃれなデザインのものに変わったのです。

アラブ諸国での新しいヴェールは1970年代後半に、都市の働く女性や女子学生から始まり、80～90年代に爆発《ばくはつ》的に増えました。インドネシアでは、10年ほど遅《おく》れて2000年代に新ヴェール現象が起きています。

◆信仰《しんこう》とおしゃれの両立

では、なぜムスリムの女性たちは新しいヴェールをまとうようになったのでしょう。まず、昔のヴェールよりもおしゃれで、しかも手ごろな値段で買えるようになったからという見方があります。それだけではありません。イスラーム復興のなかで、「ヴェール着用が神の命令だ」と信じる気持ちが強くなったからという見方もあります。つまり、**信仰とおしゃれを両立させられると考える女性が増えたから**だと考えられるのです。

ほかにも、いくつか理由があります。ヴェールをかぶると、男性の友人や同僚《どうりょう》とより自然に接することができるという声も聞かれます。男性の意識や視線を理由にあげる人

▲新しいタイプのヴェールファッション

もいました。男性はヴェールをかぶっている信心深い女性に失礼があってはならないという気持ちになるから、という女性もいたのです。男子学生と席を並べる女子学生や職場で男性と共に働く女性にとって、ヴェールはある種の防御服なのです。

もちろんヴェールをまとわない人もいます。**ヴェールの着用は、基本的には本人の判断にゆだねられている**からです。

❷ 4人のインドネシア女性に聞く

現代のムスリム女性は、ヴェールに対してしっかりした考え方を持っています。ヴェールの着用が女性の義務とされている一部の国や地域を除いて、ほとんどどこでもヴェールを着用するかしないかは、**女性本人の意思**に任されています。親であろうと夫であろうと、その意思を尊重しなければなりません。

ここでは、新ヴェールをかぶる4人の女性に、ヴェールをかぶった時期や動機などについてお話をうかがった一部を紹介《しょうかい》しましょう。世界で最も多くのムスリムがくらすインドネシアの首都ジャカルタで、ウーランさん、エリーさん、ラフマさんにインタビューしました。そして、東京でニャイさんにインタビューしました。

〈ウーランさん〉

スタイリッシュな服装とヴェールでさっそうと現れたウーランさん。

「高校時代の制服はヴェールなしでした。仕事を始めてから2、3年後にヴェールをかぶりはじめました。当時、私の母はヴェールをしていませんでしたが、私がヴェールをかぶることに反対はしませんでした。ヴェールをかぶると、自分に自信がもて、何かに守られていると感じます」と語ってくれました。

〈エリーさん〉

日本語ガイドのエリーさん。

学校でイスラームを勉強した中学生の息子さんに「お母さんはなぜヴェールをかぶらないの」と聞かれたのをきっかけにヴェールをかぶることを決意したそうです。「10年くらい前までは、夏はタンクトップと短パンで過ごしていました。いま、ガイドの仕事をしながら1年間に3回コーランを読破する計画を立て、がんばっています」と自らの変身ぶりを語ってくれました。

▲ウーランさん

▲エリーさん

そばにいたエリーさんの夫に、妻がヴェールをかぶり始めたときの感想を聞くと、「うれしかった」と顔をほころばせました。エリーさんには、急速な開発ブームで車とバイクと人であふれかえるジャカルタの街中での観光ガイドという仕事に対する、ムスリムとしての誇《ほこ》りが感じられました。

〈ニャイさん〉

東京で日本人ムスリムの夫と3人の子どもたちと一緒《いっしょ》にくらすニャイさん。

「22歳《さい》のとき、大病をわずらい、長いあいだ入院し、死と来世のことを考えました。ヴェールをかぶらない短い人生で終わっていいのか、と初めて真剣《しんけん》に考えました。そして、退院後ヴェールをかぶりました。インドネシアでは、1990年代にはヴェールをかぶっている人は少なかったと思います。就職によくない影響《えいきょう》があると心配して、ヴェールをかぶりたがる娘《むすめ》たちに大反対する親もいました。でもいまの女の子は幸せだと思います。神様の命令に従い、おしゃれをしたい気持ちも満たされるのですから」と語ってくれました。

▲ニャイさん

〈ラフマさん〉

ジャカルタでキャリアウーマンとして仕事をバリバリこなしているラフマさん。

ラフマさんは、ヴェールを着けていません。でも以前は着けていたそうです。「1999年に就職したときにヴェールをかぶりはじめ、以後7年間かぶっていました。2006年ごろ、母をはじめ親しい人たちを何人か失うという出来事が続き、悲しみのあまり精神的に落ち込んでいました。そんなとき、瞑想《めいそう》（メディテーション）のセミナーに参加したり、イスラームの奥深《おくぶか》い教えを知る機会に出会ったりしたことで、ヴェールをかぶらなくても信仰《しんこう》は守れるのだと考えるようになりました。私なりのやり方で、よいムスリムになるためにベストを尽《つ》くそうと思います」と語ってくれました。

▲ラフマさん

❸ ムスリム・ファッションとハラール化粧品《けしょうひん》

◆華《はな》やかなムスリム・ファッション

ムスリム社会が豊かになり、ムスリム女性が社会進出するに従い、イスラームの教えにもとづく衣服や化粧品が求められ、大きな産業に成長してきました。

近年、ヴェールをはじめ、**ムスリム・ファッションはたいへんなブーム**になっています。商店街やショッピングセンターには、超《ちょう》高級品からカジュアルなものまで、さまざまな種類のヴェールやイスラーム服を扱《あつか》う専門店が急速に増えています。そして、売れ行きも上々のようです。ヴェール専門店では、若い女性たちが気に入ったデザインのヴェールを探すのに夢中になっています。ジーンズにジャケット、腰《こし》まで隠《かく》れるチュニックにパンツ……。いまや世界のどこの都市でも見かけるカジュアルな服装をしたムスリム女性たちは、服装に合わせたヴェールを何種類も持っています。

たとえばインドネシアやエジプトでは、ドレッシーでゆったりとした服装にカラフルな薄手《うすで》のヴェールを何重にも巻く最新ファッションが、女性たちの人気を集めています。ファッション誌も何種類も出版されており、ページをめくると、最新流行のムスリム・モードを身に着けた美しいモデルの写真が目に飛び込《こ》んできます。

インドネシアには、**ムスリム・ファッションの女性起業家**も現れています。前項《ぜんこう》で紹介《しょうかい》したジャカルタのウーランさん（１３９ページ）も、「いまやインドネシアはムスリム世界のファッション・メーカーよ」と得意げに語っていました。

また、若い女性のあいだでは、コスプレも流行《はや》っています。下の写真は、マレーシアで開催《かいさい》されたムスリムのコスプレイベントのようすを撮影《さつえい》したもの。みな、人気アニメの主人公と同じような衣服を身に着けています。ただし、だれもがちゃんとヴェールをつけ、素肌《すはだ》を見せてはいません。

おしゃれとは少し異なりますが、アスリートの競技服にも

▲ムスリムのコスプレイベント

ヴェールの着用が許可されはじめました。オリンピック大会で初めて許可されたのは2012年の北京《ペキン》大会の陸上競技でした。アメリカのスポーツ用品メーカー・ナイキは、2017年からスポーツ用ヴェールを販売《はんばい》しています。

◆ハラール化粧品で美しく

ムスリム女性のおしゃれは、ヴェールと衣服だけでなく、化粧やネイルなどにも広がっています。ムスリムにとって、化粧品の成分が何かは気になるところです。なぜなら、豚《ぶた》のコラーゲンやアルコール（エタノール）を原材料にふくむ化粧品は、イスラームの教えに反すると考えられるからです。そのため、そういった原材料をふくまない「**ハラール化粧品**」が人気を集めています。最近、日本の化粧品メーカーも、ハラール化粧品を売り出しています。

コーランでは、「美しいところは隠すように」といわれていますが、これまでイスラームでは、美しさについてはさまざまな解釈がありました。第1部で説明したように（42ページ）、美しいところとはどこを指すのか、時代によっても人によっても解釈は異なっていたのですね。

最近のイスラーム社会では、**女性が美しく装《よそお》うことについてはかなり肯定的《こうてい》**になっています。それは、女性たちが社会に進出する機会が増え、それとともにムスリム・ファッション業界もハラール化粧品業界も急速に成長してきたためです。

❹ 変わる男女の関係

◆性別によるさまざまな問題

男女の関係について決められたイスラームの家族法という法律は、改正・廃止《はいし》されたり、現在も手つかずのままだったりと、国によってさまざまです。

伝統的なイスラーム法をもとに制定された家族に関する法律のなかには、いまでも性別によって異なるルールがある場合が少なくありません。しかし、最近は**神の前では女性も男性もみな同等であり、敬虔《けいけん》さによってのみ差がつく**と考えるムスリムが増えてきています。男女をより公平にする改革が各国でされるようになりました。とくに議論されてきたのが、結婚《けっこん》・離婚《りこん》・相続に関する次のような問題です。男女は何歳《さい》から結婚できるのか。男性が2人以上の妻をもつことは許されるのか。ムスリム女性はキリスト教徒やユダヤ教徒の男性と結婚できるのか。夫、妻それぞれの義務と権利とはなにか。だれがどのような形で離婚できるのか。

◆変わりつつあるルール

イスラームの結婚制度についてしばしば問題となるのが、妻は1人の夫としか結婚できないけれど、夫は複数の妻をもつことができるという制度です。この制度は、イスラームが興ったばかりの時代に設けられました。戦争で夫を亡くした女性と父親を失った女の子の生活を守るために始まったという事情があるのです。しかし、現代にはふさわしくないという意見が強くなっています。

また、伝統的なイスラーム法では、女性からの離婚が容易ではありませんでした。いまでは女性からの離婚も認められるべきだという意見が出され、議論が続けられています。トルコではすでに100年近くも前にイスラーム家族法が廃止され、チュニジアでは約60年前に男性が複数の女性と結婚することは禁止されました。チュニジアでは相続の問題にも変化が見られます。親の死後に相続する財産が息子と娘《むすめ》で2対1と差がつけられているのは不平等だとして、最近、改正案が出ました。エジプトでは、妻から離婚を申し立てできる法律が2000年につくられました。

家族法はイスラーム各国でかなりちがいがありますが、**全体として男女平等の方向**に変化しつつあります。その背景には、現代社会にふさわしい家族法の改正を望む女性たちの声が大きくなっていることがあります。

◆頼《たの》もしい相談役

ムスリム社会に根づいている慣習のなかには、伝統的なイスラーム法に反するものもあります。たとえば、父親が勝手に娘の結婚相手を決め、娘に押《お》しつけようとしたり、夫が妻に一人で外出することや電話に出ることを禁止したりするなどといった慣習です。これまでは、黙《だま》って父親や夫に従う女性も少なくありませんでした。それがイスラームの正しい教えだと思っていたからです。

しかしエジプトでは、**女性説教師**に相談する人も増えています。女性説教師とはイスラームの教えをわかりやすく説く資格を持つ女性のことで、2010年代後半に政府の認可を受けました。女性説教師はコーランやハディース（預言者ムハンマドの言行録）、古典イスラーム法の知識を女性たちに伝えます。それだけはありません。さらに、「結婚を無理強《むりじ》いしたり、妻の日常行動をしばることは本来のイスラームから外れている」などと助言するのです。相談した女性たちは「自分たちの考えがイスラームに反していないのだ」と知って安心します。こうした**女性説教師の助言によって、親や夫が考えを改める**ことも少なくないようです。

◆サウジアラビアでも変化のきざし

サウジアラビアの女性は他のイスラーム諸国に比べ、行動の自由がとても制限されています。たとえば、女性の自動車の運転は禁止されていました。また、女性は家族の男性や親族と一緒《いっしょ》でなければ、外出も外食も自由にできません。さらに外出のときには、全身をヴェールで覆《おお》わなければなりません。さまざまな生活上の不便さがあるのです。

しかし、1990年に画期的な出来事がおこりました。50人もの女性たちが、女性への運転免許《めんきょ》の許可を求める自動車デモをおこなったのです。抗議《こうぎ》行動はその後も散発的に続きました。そして、こうした逮捕覚悟《たいほかくご》の勇敢《ゆうかん》な女性たちの運動が実り、「**女性の自動車運転を許可する**」（2018年6月以降）という国王の命令が出されたのです。サウジアラビアの歴史のなかでも、特筆すべき出来事でした。

▲高速道路を運転する女性

《もっとくわしく》

サウジの少女はあきらめない！

「少女は自転車にのって」は、サウジアラビア初の女性監督《かんとく》によって制作された映画（2012年／サウジアラビア・ドイツ合作）。物語の舞《ぶ》台《たい》はサウジアラビアのとある町、主人公は**10歳《さい》の自由奔放《ほんぽう》な少女ワジダ**です。

近所の幼なじみの男の子たちが自転車を楽しそうに乗っているのを見て、ワジダも欲しくなります。お母さんに頼《たの》みましたが、「女の子が自転車なんて」と買ってくれません。あきらめきれないワジダは、学校でおこなわれるコーラン暗唱コンテストに挑戦《ちょうせん》します。その懸賞金《けんしょうきん》で自転車を買おうと考えたのでした。懸命《けんめい》に努力したワジダは優勝しましたが、その願いはかないません。自転車のことは先生にもたしなめられたのです。がっかりして帰宅したワジダですが、お母さんが買ってくれた自転車を見つけて大喜び。お母さんは、お父さんが跡継《あとつ》ぎの男の子欲しさに第２夫人と結婚《けっこん》することに悩《なや》んでいました。しかし、**ワジダの前向きな姿にはげまされ、精神的自立の道を歩み始めた**のでした。

サウジアラビアは、女性の家の外での行動を厳しく規制する保守的な国です。そんな文化・風習に負けずに、**自由と自立に向けて、自ら一歩踏《ふ》み出した少女と母親の姿**が描《えが》かれています。

『少女は自転車にのって』発売：ニューセレクト／販売：アルバトロス　税抜価格：¥3,800

第3章

試練に立ち向かうイスラーム

❶ なぜ中東で戦争やテロが多いの?

◆壊《こわ》された共存のしくみ

イスラームと聞いて、戦争やテロを思いうかべる人が多いようです。ここでは、なぜ戦争やテロがたくさん起こっているのかを考えてみましょう。

現在のイスラーム社会を見ると、中東、アフリカ、東南アジアの一部では、戦争やテロなどで多くの人が苦しんでいます。とくに最近シリアでは、2011年に**「アラブの春」**と呼ばれる民主化の運動が弾圧《だんあつ》されるなかで内戦が発生し、その混乱に乗じて**「イスラーム国」(IS《アイエス》)を名乗る過激派組織**が勢力を拡大しました。「アラブの春」とは、チュニジアの独裁政権が青年・市民の平和的なデモで倒《たお》れたのをきっかけに、エジプト、リビアなど相次いで独裁政権が倒された一連のアラブ諸国の革命のことをいいます。

政府軍と反政府軍の内戦に突入《とつにゅう》したシリアでは、「イスラーム国」(IS)だけでなく、ロシア、イラン、トルコなど外国勢も戦闘《せんとう》に加わりました。さらにヨーロッパ諸国、アメリカ、ペルシャ湾岸《わんがん》諸国も、それぞれの思惑《おもわく》で政府軍と反政府軍に向けて軍事面・経済面の支援《しえん》をおこなったため、内戦はますます複雑化・激化してしまいました。

シリアだけではありません。同じイスラーム社会のなかでも、争いが起こっています。イスラームの二大宗派である**シーア派とスンナ派の対立**が深まっているのです。とくに両派が混在しているイエメン（アラビア半島南西部の国）は激しい内戦に突入し、解決の見通しが立っていません。イエメン内戦の背景にも、シーア派の大国イランと、スンナ派の大国サウジアラビアとの対立があります。

かつてイスラーム社会は、異なる宗教や宗派、民族の人たちが平和にくらしていました。その共存・共生の社会が、どうしてもろくも壊れてしまったのでしょうか。

◆ヨーロッパ諸国やアメリカの介入

その大きな原因に、欧米《おうべい》の大国の思惑があります。**ヨーロッパ諸国やアメリカが石油を求め、中東諸国を支配しようと軍事介入《かいにゅう》してきた**のでした。

中東の多くの人びとは、こうした介入に反発してきました。1991年、イラクのクウェート占《せん》領《りょう》に対して起きた湾岸戦争を契機《けいき》に、アメリカはペルシャ湾岸に軍事拠点《きょてん》を置きました。これに、アルカイダというイスラームの過激派が猛《もう》反発し、2001年9月11日、アメリカで同時多発テロを起こしたのです。これに、大国アメリカも黙《だま》ってはいません。「対テロ戦争」として、アフガニスタンやイラクで戦争を起こしたのです。

以後、イスラームの教えを極端《きょくたん》に解釈する過激な考え方を持ち、暴力に訴《うった》えようとする勢力が、力を増していきました。アルカイダや前述した「イスラーム国」（IS）などです。こうした過激派たちは、一般《いっぱん》のムスリムたちがアメリカや世界の強国による「対テロ戦争」のなかで殺され続けている状況《じょうきょう》を利用して、自分たちの勢力を拡大したのです。

さらに、このイスラーム過激派と呼ばれる勢力は、聖者信仰《せいじゃしんこう》（94ページ）などイスラームの教えの多様な解釈をまちがいだと攻撃《こうげき》しました。また、女性を無知のままにしておくほうが人びとを支配しやすいと考え、女性に教育は必要ないと考える人たちもいます。しかし、**コーランは「知識を広く世界から求めよ」と呼びかけており、女性の教育を禁止などしていません。**

◆テロの最大の犠牲《ぎせい》者はムスリム自身

こうしたイスラーム過激派によるテロが注目されてきたのは、ヨーロッパ諸国やアメリカの都市でのテロ事件が大々的に報道されるようになってからです。しかし、**テロの最大の犠牲者はムスリム自身だ**ということを忘れてはいけません。日本の新聞やテレビなどでは、テロ事件ばかりが大きく取り上げられますが、アメリカやヨーロッパ諸国による「対テロ戦争」のムスリムの被害《ひがい》者については、あまり報道されていないのです。被害を受けたのは、マララさんやナビラさん（左ページ）だけではありません。

こうしたテロが起きる背景には、何があるのでしょうか。多くのムスリムの若者は、自分が生まれた国でも移民先の国でも、人間としてまともに扱《あつか》われていません。そのことに不満を持つだけでな

《もっとくわしく》

テロに屈《くっ》しない少女たち

●マララ・ユスフザイ

2015年に**ノーベル平和賞**を受賞したパキスタンの**マララ**さんは、15歳《さい》のとき、イスラーム過激組織から銃撃《じゅうげき》され、危うく命が奪《うば》われるところでした。女の子の教育を受ける権利を求める訴《うった》えをインターネットで配信し続けていたため、ねらわれたのです。**女子教育こそが平和への第一歩だ**と信じるマララさんは、回復後の2013年に「マララ基金」を設立しました。現在も、南アジアの少女たちやシリア難民の児童が無償《むしょう》で教育を受けられるよう支援《しえん》活動をおこなっています。

●ナビラ・レフマン

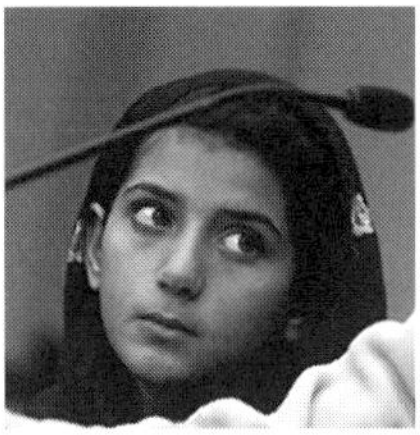

ナビラさんはマララさんほど有名ではありませんが、同じパキスタンに住んでいます。ナビラさんは、畑で仕事をしていたおばあさんをアメリカの「対テロ戦争」のドローンによる誤爆《ごばく》で亡くしました。**無名の多くの人びとが犠牲《ぎせい》になっている**のです。自身もケガを負ったナビラさんの平和を訴える声は、宮田《みやた》律《おさむ》著『ナビラとマララ』にくわしく紹介《しょうかい》されています。

▲マララさんの襲撃に抗議する集会

く、希望さえ持てないのです。過激派組織はこうした若者の受け皿となりました。アメリカやヨーロッパ諸国で起きるテロは、そこで生まれ育った移民2世によるものが多いといわれます。彼《かれ》らはその国の国籍《こくせき》を持ち、その国の教育を受け、その国の言葉も話せます。しかし、ムスリムというだけで、親たち移民1世とおなじように就職などで差別されています。**同じ国民でありながら、差別を受け、貧困なくらしを強《し》いられている**のです。若者はこうしたことに対しては、親の世代より敏《びん》感《かん》で、不満も大きく、爆発《ばくはつ》しやすいのです。

❷ パレスチナ問題ってなに？

◆ユダヤ人とパレスチナ住民との争い

2017年、アメリカの当時のトランプ大統領が「エルサレムはイスラエルの首都である」と宣言しました。これに対し、国際連合（国連）では圧倒的《あっとうてき》多数の国が反対する決議を採択《さいたく》しました。「**パレスチナ問題**」は、パレスチナで100年以上つづく**ユダヤ人とパレスチナ住民との争い**で、現在の中東で起こっているさまざまな問題の根底にあります。ここからは、Q&A（質疑応答）形式でパレスチナ問題を説明していきましょう。

Q1 イスラームとユダヤ教の宗教の対立が原因なの？

A　パレスチナ問題の始まりは、宗教や民族の対立にあるという人がいます。しかし、そうではありません。２０００年前にさかのぼる宗教や民族の対立が原因ではないのです。対立の発端《ほったん》は、１８００年代末にヨーロッパで起きた、パレスチナの地にユダヤ人の国をつくる**シオニズム運動**にあります。シオニズムとは、旧約聖書に出てくる聖地エルサレムを意味する「シオンの丘《おか》」という言葉に由来します。

エルサレムは、ユダヤ教・キリスト教・イスラームという3つの宗教の共通の聖地です（89ページ）。この都市ではほかのイスラーム社会の地域と同じように、異なる宗教を信じる人どうしが長いあいだ一緒《いっしょ》にくらしてきたのです。一方、ヨーロッパのキリスト教社会では、長いあいだユダヤ人が迫害《はくがい》されてきました。東ヨーロッパ諸国やロシアでは、「ポグロム」と呼ばれるユダヤ人に対する迫害や暴動が、１８００年代後半以降、さらにひんぱつするようになりました。

同じころ、イギリスはメソポタミア（現在のイラク）の石油をねらって、オスマン帝国（オスマン・トルコ）の領土であった中東地域を自分たちの支配下におきたいと考えていました。そこで、迫害から逃《のが》れるためにユダヤ人たちが始めたシオニズム運動を利用しようとしました。イギリスは、１９１７年にバルフォア宣言を発表し、当時オスマン帝国の統治下にあったパレスチナにユダヤ人を移住させることをあと押《お》ししたのです。

その結果、ユダヤ人移住者と、それまでこの土地でくらしていたムスリムやキリスト教徒のあいだで、土地をめぐる争いが激しくなりました。第2次世界大戦中にナチス・ドイツによるユダヤ人大虐殺《だいぎゃくさつ》（ホロコースト）が始まると、ユダヤ人移住者の数は急速に増加しました。

このように、**パレスチナ問題は宗教対立が原因ではなく、ヨーロッパからのユダヤ人の移住者と現地の住民とのあいだの土地をめぐる争い**なのです。

Q2　国連パレスチナ分割決議から70年余りが経《た》ったのに、なぜ解決しないままなの？

A　第2次世界大戦の終結直後に生まれた国連は1947年、パレスチナ問題解決のために、パレスチナをユダヤ国家とアラブ国家の2つに分け、エルサレムを国際管理下におくという決議を採択しました。しかし、これがかえって問題をこじらせてしまいました。この国連決議に勇気づけられたユダヤ人は、アラブ人（パレスチナ人）住民を追い出し、1948年、一方的に**イスラエル**という国の建国を宣言したのでした。

アラブの人たちにとっては、パレスチナは先祖代々の土地です。そのパレスチナに一方的に建国されたイスラエルを認めるわけにはいきません。こうして両者が激突《げきとつ》し、**イスラエルとアラブ諸国のあいだで4度にわたる戦争**が起こったのです（第1次〜第4次中東戦争）。その過程で、イスラエルは武力でパレスチ

▲**第3次中東戦争直後のパレスチナ難民キャンプ**（シリア、1967年）

ナの土地すべてを占領《せんりょう》することに成功。さらに近隣《きんりん》のアラブ諸国の土地の一部も占領しました。シリアのゴラン高原にいたっては、イスラエルが一方的に併合《へいごう》を宣言しました。その後も、イスラエルは大国アメリカの保護の下、占領地からの撤退《てったい》を求める多くの国連の決議を無視し続けました。現在も、パレスチナの東エルサレムを含む「ヨルダン川西岸」と「ガザ」の2つの地区を不法に占領し続けています。

では、なぜアメリカはイスラエルをえこひいきするのでしょうか。アメリカ国内で、**イスラエルの入植政策を支持するユダヤ人とキリスト教徒の団体が大きな力を持っている**からです。それだけではありません。ヨーロッパやアメリカでは**ユダヤ人への差別意識**がいまなお残っています。そのため、現在のイスラエル政府のやり方に反対しているユダヤ人のなかにも、イスラエルは自分たちの安全な逃《に》げ場所と考えている人もいるのです。

Q3　いま、パレスチナはどうなっている？

A　その後、イスラエルは入植政策を進めました。不法に占領しているパレスチナの**ヨルダン川西岸**に、ユダヤ人のための町をつくり、そこに住宅を建てて、若いユダヤ人家族を移住させたのです。こうした町を入植地といいます。さらにユダヤ人たちの通勤のために、入植地とイスラエル本

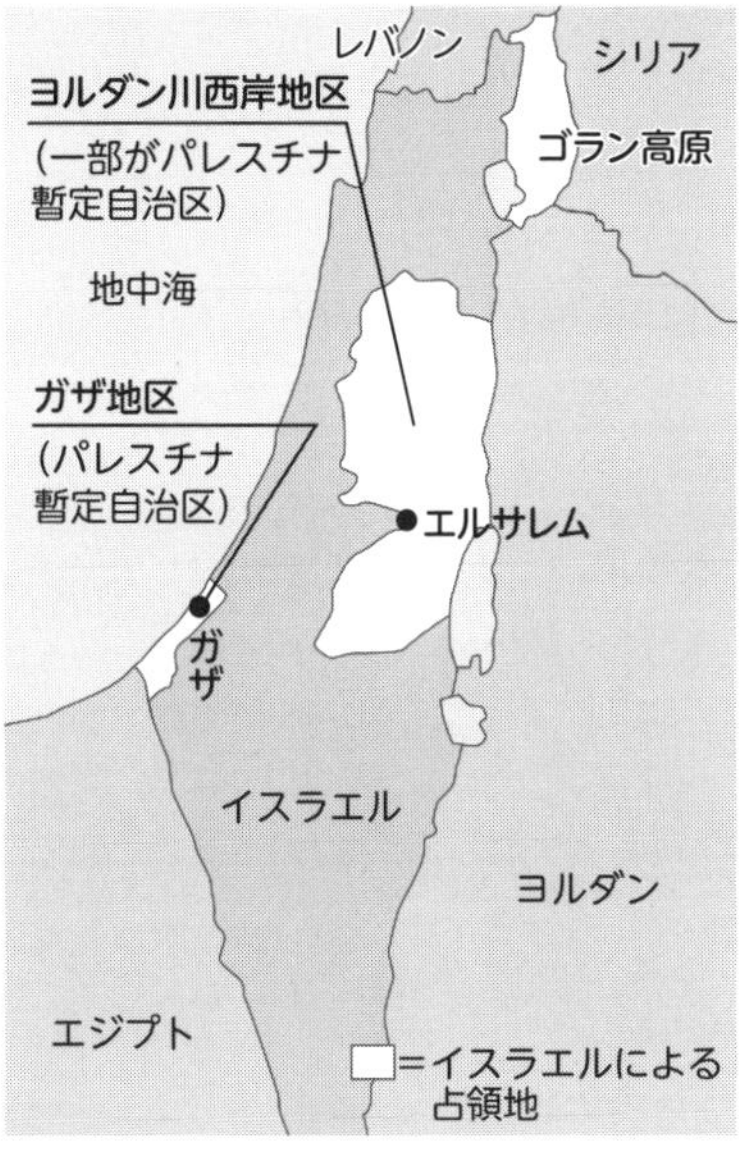

国を結ぶ高速道路を建設しました。

２００２年ごろから、イスラエル政府はヨルダン川西岸に壁《かべ》を建設していきます。パレスチナ人の「テロ」を防ぐためという理由で、高さ8メートルもある分離壁《ぶんりかべ》を占領地内に建てたのです。そのため、パレスチナ人はいくつもつくられた検問所を通らなければ移動することができません。出産のため病院に行く女性ですら、簡単には通してくれません。子どもたちの通学にも、それまでより何倍もの時間がかかるようになりました。なかには農地や水源を奪《うば》われた人も出てきました。下の写真のように、壁で道路を中央から分断していることからもわかるでしょう。

もう一つの占領地である**ガザ地区**は、人も物資も自由に出入りさせない封鎖《ふうさ》状態に置かれました。衛生状態が悪く、電気や水道などの生活インフラも十分に整備されていません。ガザは「天井《てんじょう》のない監獄《かんごく》」といわれています。

▲パレスチナの分離壁

Q4　パレスチナ問題解決のために何ができる?

A　イスラエルの建国によって追放された数多くのパレスチナ人は、**難民**になりました。しかし、やがて近隣のアラブ各国に散ったパレスチナ人のなかから、「武力で故郷を取りもどそう」「パレスチナを解放しよう」という動きが出てきました。この難民を中心とした運動団体が、**パレスチナ解**

放機構（PLO《ピーエルオー》）です。PLOはエジプトなどアラブ諸国による支援《しえん》を受け、中東地域での影響《えいきょう》力を強めました。しかし、イスラエルの圧倒的な軍事力の前には無力でした。やがてPLOは周辺諸国の支援も得られなくなり、その運動は孤立《こりつ》し、追いつめられてしまったのです。

PLOに代わって自由を求めて起ち上がったのが、**ヨルダン川西岸とガザの占領地の住民**でした。素手《すで》で石を投げ、イスラエル軍の戦車に立ち向かったのです。こうしたパレスチナの若者や子どもたちの姿と、これにイスラエル軍の兵士が容赦《ようしゃ》なく銃口《じゅうこう》を向ける映像は、世界に大きな衝撃《しょうげき》をあたえました。1993年、ようやく国際社会が動き、それまで一方的にイスラエルを支援してきたアメリカが仲介《ちゅうかい》に乗り出しました。イスラエルのラビン首相もパレスチナとの交渉《こうしょう》に前向きで、「オスロ合意」という和平の道がようやく開かれたのです。

しかし1995年11月、事態は暗転します。ラビン首相が過激なユダヤ教徒のテロによって暗殺されたのです。以後、イスラエルは和平に背を向けたため、交渉は決裂《けつれつ》し、占領地では再び激しい抵抗《ていこう》運動が起きました。イスラエルは「対テロ戦争」の名の下に、軍隊を送って徹底《てってい》的にこれを弾《だん》圧《あつ》しました。その後も、ガザを根拠地《こんきょち》とするイスラーム抵抗運動（ハマース）とガザ住民に対する猛《もう》烈《れつ》な空爆《くうばく》がくり返されました。

Q5　イスラエル国民は、どう思っている？

A．占領地からの撤退とパレスチナ人の国家樹立こそがイスラエルの平和にとって必要だという考え方は、一時期かなりのイスラエル人に支持されていました。しかし和平交渉が決裂し、両者が再び武力衝突し始めた２０００年以後、状況《じょうきょう》は大きく変わりました。占領地からの撤退とパレスチナ人の国家樹立を支持する声は小さくなったのです。

それでも、イスラエル人のなかには、**入植地の拡大、分離壁の建設などに反対し、パレスチナ人と一緒に抗議《こうぎ》行動をする**グループや、パレスチナの子どもをイスラエルの病院で治療《ちりょう》する人道的な医療関係者たちも少数ながらいます。占領地で取材をし、パレスチナ人への人権侵害《しんがい》などイスラエル政府にとっては不都合な事実を伝えている勇敢《ゆうかん》なイスラエル人ジャーナリストもいます。

◆差別や偏見《へんけん》を乗りこえて

２０１２年、国連総会は「**パレスチナ国家設立を承認する決議**」を賛成多数で採択しました。にもかかわらず、アメリカのトランプ大統領は２０１７年、エルサレムをイスラエルの首都に認定すると宣言したのです。これに対し、その撤回を求める決議が国連で採択されました。エルサレムの東半分はパレスチナ側が将来のパレスチナ国家の首都にしたいと考えているのです。

ヨーロッパでのユダヤ人迫害がパレスチナ問題の根源にあるとすれば、**世界のなかから差別や偏見がなくならない限り、ほんとうの意味でパレスチナ問題が解決されることはない**でしょう。パレスチナ問題は、日本と関係のない問題ではないのです。日本にも、自分たちと異なる民族に対するさまざまな差別や偏見が残っているからです。

❸ 増え続けるムスリムの難民

◆仕方なく国を離《はな》れた人たち

みなさんは、生まれ育った国や住み慣れた町を離れ、**命がけで他国をめざす難民の気持ち**を想像することができるでしょうか。13歳《さい》では無理といわれるかもしれません。しかし、いま世界の難民の約51パーセントは、18歳未満の子どもなのです。

難民とは、自分の国にいると政治的迫害《はくがい》を受けたり、戦争などで命を奪《うば》われたりする危険があるため、仕方なく国を離れた人たちのことです。下の写真は、地中海をわたってヨーロッパに向かう難民のボートです。航海はとても危険で、船上で亡くなる人も少なくありません。

中東の難民の代表的な人たちは、イスラエルの建国によって生まれたパレスチナ難民です。つまり、**難民の大半はムスリム**なのです。パレスチナ難民は、すでに4世代以上にわたって故郷にもどれない生活を続けています。「対テロ戦争」としてアメリカが攻撃《こうげき》したアフガニスタンやイラクか

▲難民のボート

らも、また大量の難民が生まれました。シリアでは内戦が始まって以降、２０１９年末までの難民の数は約６６０万人にも上っています。そのうち１００万人以上が、難民に寛容《かんよう》なＥＵ《イーユー》（ヨーロッパ連合）諸国に流入しました。ヨーロッパには、他の中東諸国やアフリカ諸国からのムスリム難民もたくさんいます。

◆難民を受け入れたくないヨーロッパ

当初、ヨーロッパ諸国は難民の受け入れに寛容でした。

しかし、ロンドンやパリなどで「イスラーム国」（ＩＳ《アイエス》）が関係する大規模《きぼ》なテロ事件が起きるようになると一転、**「イスラーム嫌《ぎら》い」（イスラモフォビア）といわれる現象**が急速に広がりました。それどころか、「難民を受け入れるのはいやだ、難民受け入れをすすめるＥＵなんてやめてしまえ」という声も強まったのです。実際、イギリスが２０２０年にＥＵから離脱《りだつ》してしまいました。ＥＵ離脱の是非《ぜひ》を問う国民投票（２０１６年実施）の結果、離脱派がわずかの差で勝ったためです。イギリスの離脱の理由は難民問題だけではありませんが、投票を左右したことは疑いありません。

しかし、よく考えてみれば、中東に大量の難民が発生する状況《じょうきょう》をつくり出したことに、ヨーロッパ諸国やアメリカは責任がないといえるのでしょうか。アメリカは「イラクは大量破壊《はかい》兵器を持っている」とウソをつきイラク戦争（２００３年）を仕掛《しか》け、現在にいたる大混乱の原因をつくりまし

世界の難民（2016年）

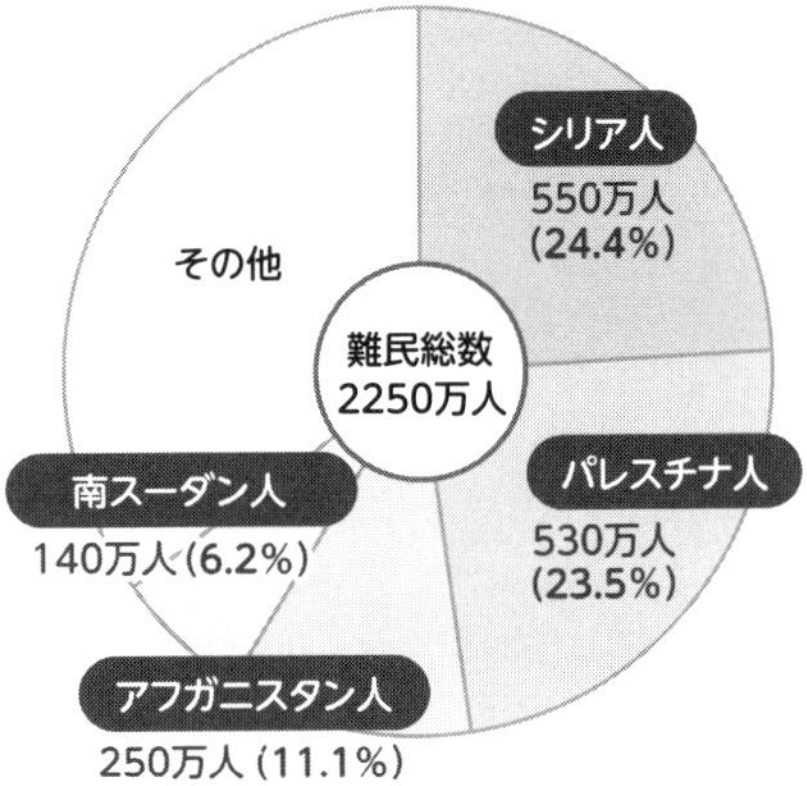

《もっとくわしく》

漫画《まんが》—日本人とムスリムの女子留学生の交流

日本人とムスリムの若者の交流を描《えが》いた漫画もあります。西森《にしもり》マリー監修《かんしゅう》、ユペチカ作の**『サトコとナダ』**（星海社《せいかいしゃ》コミックス）です。

●大食らいにびっくり？

サトコは**日本人**、ナダは**サウジアラビア人**。ともに米国留学中の大学生で、ルームシェアをしています。はじめは戸惑《とまど》いながらも、たがいに自国の料理をつくって食べたり、ショッピングや映画に行ったりして、自由なアメリカを楽しみます。

敬虔《けいけん》なムスリムのナダは、アメリカでも礼拝《れいはい》や断食《だんじき》をおこたりません。断食の初日、ナダはサトコに軽く手を挙げて、こういいます。「**ごめんサトコ！　これからしばらくご飯はいいから。断食（ラマダーン）なの**」と。サトコはごく自然に受け入れます。そして日没《にちぼつ》後、ナダが夜食を大食らいするのを見て、びっくりします（断食中は日没後に飲食します）。

●ニカーブはいわば盾《たて》！

外出のとき、サトコはナダの服装が気になり、「ニカーブを着るってどんな感じ？」と質問します。ニカーブとは、目だけを出して頭と顔を覆《おお》うムスリム女性の衣服。ナダは「**ニカーブを着ていると無敵の気分よ。いわば盾のようなものね**」と答えながらも、サトコが「知らなかった……、**悪いものとばかり思ってた**」と正直に返すと、「私は自分からこれを着ているけれど、**選択《せんたく》の自由があればいいのに**とは思うわね」と、ナダも正直に返すのでした。その反面、サトコが洋服を買うとき、他人がどう思うかを気にして迷うのを見て、ナダは「**服装の自由な国に育ちながらサトコは、自分よりよほど不自由だな**」と感じます。ほかの文化を知ることで、自分の文化を見直すことの新鮮《しんせん》さを教えてくれる漫画です。

た。ヨーロッパの強国イギリスは、バルフォア宣言でパレスチナ問題の原因をつくりました。こうした**欧米《おうべい》の身勝手な行動が中東の難民発生の根本的な原因**ではないでしょうか。

◆日本の難民受け入れは消極的

命がけで戦争から逃《のが》れてきた難民たちを、国が支援《しえん》したり受け入れたりすることは、人道上必要なことです。**国際社会の一員としての責務**といえるでしょう。

では、日本の難民受け入れ状況はどうなのでしょう。少し悲しいデータを紹介《しょうかい》しなければなりません。２０１８年に日本で難民として認定された人は、申請《しんせい》者1万３５０２人のうち、たったの42人でした。そのうちシリア人はわずか３人。日本国内には４００人以上のシリア人がくらし、そのうち約60人が難民を申請しているにもかかわらずです。**日本は難民受け入れにたいへん消極的**といわれています。シリアは日本にとってなじみのうすい国かもしれません。ただ、少なくとも距離《きょり》的に近いアジアの難民にはもっと門戸を開いてもいいのではないかという声があります。

そのひとつが、**ロヒンギャと呼ばれるムスリム住民**です。ロヒンギャとは、仏教徒がほとんどのミャンマーに住む少数派ムスリムの民族集団（約１００万人）です。以前からミャンマー政府による抑圧《よくあつ》政策を受けてきましたが、１９８２年にミャンマー国籍《こくせき》を取り上げられ、不法移民とされました。２０１７年8月以降、50～60万人のロヒンギャが難民となり、国内外に逃れています。過激な仏教僧侶《そうりょ》

▲ロヒンギャの難民

や政府軍によって暴力的に排除《はいじょ》されたためです。近年、ロヒンギャ難民への国際的支援が高まっていますが、日本政府はロヒンギャ難民の受け入れに前向きではありません。

❹ 共生をめざして──「みんなちがって、みんないい」

◆長年のムスリムへの偏見《へんけん》

みなさんは**「わたしと小鳥と鈴《すず》と」**という詩をご存知ですか。大正から昭和にかけて活躍《かつやく》した金《かね》子《こ》みすゞ《(ず)》さんの詩です。それぞれちがっているけれども、それぞれのよさをもっている、ということをうたった詩で、最後の**「みんなちがって、みんないい」という一節は、共生の思想**そのものです。だれもが平和にくらせる共生のしくみを、イスラーム社会と世界が取りもどすには、どうすればよいのでしょうか。

中東の一部で起こっている暴力や戦争、テロは、おたがいの不信感と憎《にく》しみの現れです。ヨーロッパやアメリカ社会にはイスラームに対する偏見を持つ人も多く、これがイスラーム社会への介《かい》入《にゅう》や支配の背景となっています。また、こうした偏見がヨーロッパやアメリカ社会に移住したムスリムに対する差別をつくり出し、現在のテロや暴力の原因となってきたのでした。

一方、パレスチナ問題の根源に、ヨーロッパ社会でのユダヤ人迫害《はくがい》があることも学びました。世界の多くの地域で起きる暴力の背景には、異なる人種・民族や宗教・文化に対する偏見や差別があります。

◆寛容《かんよう》と共生の大切さ

イスラーム社会の側に目を転じると、どうでしょう。テロや暴力について、多くのムスリムはどう思っているのでしょうか。

圧倒的《あっとうてき》多数のムスリムは、〝侵略《しんりゃく》〟に対する抵抗《ていこう》には反対していません。しかし、**IS《アイエス》などがイスラームの名の下にテロ行為《こうい》をおこなうことには猛《もう》反対**しています。そうした気持ちを代弁《だいべん》し、「**現代のイスラーム社会に最も必要とされているのは寛容と共生の思想だ**」と説く指導者がいます。その2人のイスラームの指導者の声を紹介《しょうかい》しましょう。

〈インドネシアのアブドゥルラフマン・ワヒド師〉

ワヒド氏は、インドネシアの大統領も務めたことがあるイスラーム指導者です。しかし、1990年代ころから偏狭《へんきょう》なイスラーム解釈をおこなう過激なイスラーム勢力が力を持ってきたことに危機感を覚えていました。そして、**民主主義が大切であること**、**宗教と政治は分離《ぶんり》しなければならない**こと、思想の自由、異なる考え方の尊重を主張し、古典イスラーム学と近代的な科学技術の両方を大切にする教育に力を入れました。その後、インドネシアには穏健《おんけん》なイスラームと新たな経済成長の道が開かれました。

〈チュニジアのムハンマド・メスターウィ師〉

ムハンマド・メスターウィ師は、モスクのイマーム職（礼拝《れいはい》の指導などをおこなう人）を務めていました。しかし、チュニジアで革命後にイスラーム政党政権の下で力をつけた狭《せま》いイスラーム解釈をする勢力によって、40年以上勤めていたイマーム職を辞めさせられたのです。こうした弾圧《だんあつ》に負けることなく、メスターウィ師は次のように語っています。

「現代という時代に他者を排除《はいじょ》し、他者との共存を否定して生きていくことはできません。イスラームを現代や人類の未来にふさわしいものとするために、私たちはイスラームの思想を改革していかなくてはなりません。**『宗教には強制があってはならない』という教えは、コーランの精神の最も基本的なもの**です」

2人のイスラーム指導者のいう「**寛容と共生の大切さ**」は、宗教や文化だけでなく、みなさんの学校生活や友だちづき合いにもあてはまるでしょう。学校でのいじめなどは、戦争や暴力を生み出す社会のゆがみと同じ根っこをもっているからです。

いま、日本には10万人以上のムスリムがくらしています。そういったムスリムと心を開いておつき合いできればと思います。もし、みなさんのクラスにムスリムの人がいて、豚肉《ぶたにく》の入った給食を食べられないとき、ヴェールをかぶっているときなど、「**みんなちがって、みんないい**」というキーワードを思い出してください。

◆最後に

最後の第4部では、現代によみがえったイスラームが、内外の困難を抱《かか》えながらも新しい発展の道を力強く歩み出している姿をお伝えしました。テレビや新聞の報道からは見えてこないイスラームの別の姿を知っていただけたでしょうか。何より、イスラームは長い歴史と文化を持った現代の世界文明の一つだということがわかっていただけたでしょうか。そして、本書の最大の目的は、みなさんがイスラームをよりよく知り、これから出会うであろうムスリムの人たちと仲よくくらしていくことの大切さを感じていただくことでした。

もしみなさんが、もっとイスラームについて知りたいと思ったら、手始めに、モスクを訪問するのもいいですね。東京には、日本最大のモスク「東京ジャーミー」(ジャーミーとはトルコ語でモスクのこと)があります。華《はな》やかで荘厳《そうごん》な外観と鮮《あざ》やかなステンドグラスの窓、そして美しい絨毯《じゅうたん》を敷《し》きつめた広くて開放的な礼拝場《れいはい》を備えています。親切なスタッフがみなさんをいつでも歓迎《かんげい》してくれますよ。そこは、普段《ふだん》ほかでは味わうことのできない空間です。関西の方なら、日本最古のモスク「神戸モスク」を訪ねてみるのもよいでしょう。金曜日の礼拝のときなどを除けば、みなさんを温かくむかえてくれるはずです。

イスラームやムスリムを知るもう一つの方法は、最近増えてきた中東料理を提供するレストランに行くこと。現地出身のシェフがつくったおいしいトルコ料理やアラブ料理を食べてみることです。本書で紹介したハラール食をためしてみるのもどうでしょう。お店はインターネットでも簡単に探せます。きっと親切で温かいもてなしを受けることができるでしょう。

さらに、イスラームをもっとくわしく知りたいと思う人は、イスラームについての専門書や解説書を読んでみてください。巻末に参考文献《ぶんけん》を紹介しました。また、映画や漫画《まんが》なども参考にしてください。
本書によって、イスラームについて理解を深めてくださったら、とてもうれしいです。みなさんが、これからも色々なことをたくさん学んで、広く深い考えを持ち、ムスリムの人やほかの国の人たちと仲よくつき合える人に成長してくださることを心から願っています。

〈第4部・著者　平井《ひらい》文子《ふみこ》〉

さくいん

◆ ア行 ◆

アーダム（アダム）　15・17・29
アザーン　37・40
アッバース朝　115
アッラー　13・36・41・90・94・100・102・106
アバーヤ　57
アブー・バクル　25
アブドゥルカーディル・アル＝ジャザイリー　119
アブドゥルラフマン・ワヒド　164
アメリカ合衆国（アメリカ）　80・84・149・152・160・161
アラウィー派　99
アラビア語　13・15・111・113・117
アラブの春　148
アラブ民族主義　119
アリー　25・95・98・99・131
イーサー（イエス・キリスト）　15・17・23
イスハーク（イサク）　17
イスマーイール（イシュマエル）　17・31
イスラエル　17・90・154・159
イスラーム家族法　145
イスラーム革命　127
イスラーム金融　132
イスラーム銀行　133
イスラーム復興　126・136
イスラーム法（シャリーア）　47・100・126・144
イスラーム法廷　126
イスラモフォビア　160
イブラーヒーム（アブラハム）　15・17・31
イマーム　99・131・165
イラク戦争　160
岩のドーム　89
インドネシア　12・50・69・138・164
ウスマーン　25
ウドゥー　35
ウマル　25
ウムラ　102
ウラマー　101・128
ウンマ（イスラーム共同体）　97・98
エジプト　58・75・78・88
エルサレム　89・93・109・152・154・158
エルトゥールル号事件　122
オスマン帝国　95・118・122・153
オスロ合意　157

◆ カ行 ◆

カーバ神殿（カアバ神殿）　31・130
開始の章　26・36
ガザ　155・156
カリフ　25・98・99・126
感謝祭　84
喜捨（ザカート／サダカ）　105
犠牲祭　39・60・66・68・73・74
キブラ　131
義務行為　12
キリスト教　10・15・17・22・63・

66・73・78・89・93・108・110・116・119
グラート　99
クライシュ族　18
クリスマス　66・73・76・78・83・84・110
啓示　8・24・35・40・45
啓典　16・17・23・90・112
コーラン（クルアーン）　16・22・34・41・47・63・78・92・112・133
コーラン学校　71・74
国連パレスチナ分割決議　154
コプト教　66・67・88

◆ サ行 ◆

ザガリード　59
ザカリーヤー　17
シーア派　97・131・149
シオニズム運動　153
使徒（ラスール）　12・16・31
ジブリール（ガブリエル）　25
詩篇　23
シャイフ　63
シャムエルネシーム　67・110
シャリーア評議会　135
シュアイブ　17
十字軍　93
巡礼（ハッジ）　95・102・130
巡礼月　102・130
女性説教師　145
シリア　99・148・159・162
信仰告白　12
ズィヤーラ（参詣）　104
ズィンマ　108
ズィンミー　108
スーフィー　92・94
スライマーン（ソロモン）　17
スンナ　43・101
スンナ派　97・99・149
聖金曜日　73
聖者　94・104
聖者信仰　94・150
正統カリフ　25
聖墳墓教会　89
ソボア　59

◆ タ行 ◆

ダーウード（ダビデ）　17・23
タクビール　36
断食（サウム）　38・79
断食明けの祭り　60・66・73・74
断食月（ラマダーン）　39・60・72・161
中東戦争　128・154
天地創造　26・28
東方正教会　120
トーラー（律法の書）　23・90

◆ ナ行 ◆

なげきの壁　89・90
ナビラ・レフマン　151
難民　156・159
ニカーブ　161
ヌーフ（ノア）　15・17・31

◆ ハ行 ◆

ハールーン（アロン）　17
バイト・アル＝ヒクマ　116
ハッジ（巡礼）　95・102・130
ハディージャ　18・20

ハディース　43・47・101・146
ハラール　52
ハラール化粧品　143
ハラール観光　131
ハラール食品　52・129
バラカ　94
ハリラヤ　74
バルフォア宣言　153・162
パレスチナ解放機構（PLO）　156
パレスチナ難民　159
パレスチナ問題　152
ヒジュラ　38・40
ヒジュラ暦　38・78・102
ヒドル（ハディル）　96
ヒンドゥー教　51・69・73
ファーティマ　99
フォッラ　57
福音書　17・23
フサイン（フサイン廟）　131
ブサナー・ムスリム　72
ブラーク　20・90
分離壁　156
ホロコースト　153
ポグロム　153

◆ マ行 ◆

マウリド　96
マララ・ユスフザイ　151
ミフラーブ　37
ムーサー（モーセ／モーゼ）　15・17・23・90
ムスリム　10・12・50
ムダーラバ　134
ムハンマド　8・14・16・23・36・40・43・89・94・97・100
ムハンマド生誕祭　67・73・84
ムハンマド昇天祭　73
ムハンマド・メスターウィ　165
メッカ（マッカ）　16・24・36・40・95・102
メディナ　38・40・95
モーセ（モーゼ／ムーサー）　15・17・23・90
モサラベ　116
モスク　36・40・106・113・123・166

◆ ヤ・ラ・ワ行 ◆

ヤアクーブ（ヤコブ）　17
ヤハウェ　90
ヤフヤー（ヨハネ）　17
ユースフ（ヨセフ）　17・31
ユーヌス（ヨナ）　17
ユダヤ教　15・23・88・90・108・130・152
預言者（ナビー）　9・15・17・18・20・23・30・31・100
預言者の封印　16・17
ヨルダン川西岸　155
ラビン首相　157
ラマダーン（断食月）　39・60・72・161
律法の書（トーラー）　23・90
リバー　132
ルート（ロト）　17
礼拝　26・34・40・63・127
ローマ・カトリック教会　120
六信五行　74
ロジャー・ベーコン　118
ロヒンギャ　162
ワクフ　106・126

【参考文献・図版（写真）出典】

〈第１部〉

●参考文献●

・井筒俊彦訳『コーラン』全３巻　岩波文庫 1964 年
・井筒俊彦『『コーラン』を読む』岩波現代文庫 2013 年（新装版）
・大塚和夫・小杉泰・小松久男・東長靖・羽田正・山内昌之編『岩波イスラーム辞典』岩波書店 2002 年
・菊地達也監修『イスラムがわかる！』成美堂出版 2013 年
・小杉泰『イスラームとは何か―その宗教・社会・文化』講談社現代新書 1994 年
・中田考監修、中田香織・下村佳州紀・松山洋平訳著
『日亜対訳クルアーン［付］訳解と正統十読誦注解』作品社 2014 年
・中村廣治郎『イスラム教入門』岩波新書 1998 年
・中村廣治郎『イスラム―思想と歴史』東京大学出版会 2012 年（新装版）
・日本ムスリム協会『日亜対訳・注解　聖クルアーン』改訂版 1982 年
・伴康哉・池田修訳『コーラン』藤本勝次編 世界の名著 17 中央公論社 1979 年
・牧野信也『イスラームの原点―〈コーラン〉と〈ハディース〉』中央公論社 1996 年
・牧野信也訳『ハディース――イスラーム伝承集成』（全６巻）中公文庫 2001 年（新装版）
・牧野信也『イスラームの根源をさぐる』中央公論新社 2005 年
・桝屋友子『イスラームの写本絵画』名古屋大学出版会 2014 年

●図版出典●

P21（上）『ニザーミーの五部作』（15 世紀）の挿絵　大英図書館所蔵
P21（下）『予言の書』（16 世紀）の挿絵　ザクセン州立図書館所蔵
P24 『集史』（14 世紀）の挿絵　エジンバラ大学図書館所蔵
P25 『便りの数珠』（17 世紀）の挿絵　オーストリア国立図書館所蔵
P29 『動物の効用』（13 世紀）の挿絵　モルガン図書館所蔵
P31（上）『全史』（15 世紀）の挿絵　デビッドコレクション所蔵
P31（中）『預言者伝』（16 世紀）フランス国立図書館所蔵
P31（下）『七つの玉座』（16 世紀）の挿絵　フリーア美術館所蔵
P33（上・下）『昇天の書』（15 世紀）の挿絵　フランス国立図書館所蔵

〈第２部〉

●参考文献●

・大塚和夫責任編集『アラブ』石毛直道監修　世界の食文化 10、農山漁村文化協会　2007 年

・片倉もとこ『イスラームの日常世界』岩波新書　1991 年
・塩尻和子・池田美佐子『イスラームの生活を知る事典』東京堂出版　2004 年
・野中葉『インドネシアのムスリムファッション―なぜイスラームの女性たちのヴェールはカラフルになったのか』福村出版　2015 年
・大塚和夫・小杉泰・小松久男・東長靖・羽田正・山内昌之編『岩波イスラーム辞典』岩波書店　2002 年
・2015 年 6 月 25 日付「2016 年インドネシア共和国国民の祝日ならびに一斉年休取得日に関する三大臣 (宗教相・労働移住相・国家機構改革担当相) 合同決定」（http://www.liburnasional.com/data/SKB%203%20Menteri%20-%20Hari%20Libur%20Nasional%20dan%20Cuti%20Bersama%20Tahun%202016.pdf）

〈第 3 部〉

●参考文献●

・赤堀雅幸（編）『民衆のイスラーム：スーフィー・聖者・精霊の世界』（異文化理解講座 7）山川出版社 2008 年
・板垣雄三・佐藤次高（編）『概説イスラーム史』有斐閣 1986 年
・伊東俊太郎『十二世紀ルネサンス：西欧世界へのアラビア文明の影響』岩波書店 1993 年
・ジョン・エスポジト（編）坂井定雄（監修）小田切勝子（訳）『イスラームの歴史』全 3 巻 共同通信社 2005 年
・大塚和夫「セム的一神教の普及と土着化」福井勝義・赤阪賢・大塚和夫『アフリカの民族と社会』（世界の歴史 24）、中央公論新社 1999 年、290-342 頁
・大塚和夫ほか（編）『岩波イスラーム辞典』岩波書店 2002 年
・大塚和夫『イスラーム的：世界化時代の中で』講談社学術新書 2015 年
・ディミトリ・グタス（山本啓二訳）『ギリシア思想とアラビア文化：初期アッバース朝の翻訳運動』勁草書房 2002 年
・黒木英充（編著）『シリア・レバノンを知るための 64 章』明石書店 2013 年
・エドワード・サイード（今沢紀子訳）『オリエンタリズム』全 2 巻、平凡社 1993 年
・R. W. サザーン（鈴木利章訳）『ヨーロッパとイスラム世界』岩波書店 1980 年
・佐藤次高『イスラーム：知の営み』（イスラームを知る 1）山川出版社 2009 年
・シャルル=エマニュエル・デュフルク（芝修身・芝紘子訳）『イスラーム治下のヨーロッパ：衝突と共存の歴史』藤原書店 1997 年
・ジョナサン・バーキー（野元晋・太田絵里奈訳）『イスラームの形成：宗教的アイデンティティーと権威の変遷』慶應義塾大学出版会 2013 年
・ジクリト・フンケ（高尾利数訳）『アラビア文化の遺産』みすず書房 2003 年
・アルバート・ホーラーニー（湯川武監訳・阿久津正幸編訳）『アラブの人々の歴史』第三書館

2003年
・杉田英明『日本人の中東発見：逆遠近法のなかの比較文化史』東京大学出版会 1995年
・東長靖『イスラームのとらえ方』（世界史リブレット 15）山川出版社 1996年
・中里成章『インドのヒンドゥーとムスリム』（世界史リブレット 71）山川出版社 2008年
・日本イスラム協会・嶋田襄平・板垣雄三・佐藤次高（監修）『新イスラム事典』平凡社 2002年
・堀井聡江『イスラーム法通史』山川出版社 2004年
・W. M. ワット（三木亘訳）『地中海世界のイスラム：ヨーロッパとの出会い』筑摩書房 1984年

●図版出典●

P93　David Nicolle, *Medieval Siege Weapons (1): Western Europe AD 585-1385,* Oxford, 2002,

P94・101　Issam Nassar, Patricia Almárcegui, Clark Worswick, *Gardens of Sand: Nineteenth-Century Photographs of Egypt, Arabia, Turkey, and the Levant,* Cairo, 2010.

P99　*Siyer-i Nebi*（14世紀）の挿絵　トプカプ宮殿図書館所蔵

P103　Alfried Wieczorek et al., *To the Holy Lands : Pilgrimage Centres from Mecca and Medina to Jerusalem,* Munich, 2008.

P110　*El Libro de los Juegos*（13世紀）の挿絵　スペイン歴史アカデミー所蔵

P118　Jan Verhas, Roger Bacon observing the stars at Oxford University,1867

P119　Jean Baptiste Huysmans, Mon salut d'amitié et de respect à tous ceux qui vous parleront de moi,1861

●その他の写真協力●

iStock.com　P89（右）　© lenazap　　P89（左）　© rglinsky
P90　© bpperry　　P113　© mazzzur

〈第4部〉

●参考文献●

・安田慎『イスラミック・ツーリズムの勃興―宗教の観光資源化』ナカニシヤ出版 2016年
・小杉泰・長岡慎介『イスラーム銀行―金融と国際経済』山川出版社 2010年
・長岡慎介『お金ってなんだろう？―あなたと考えたいこれからの経済』平凡社 2017年
・後藤絵美『神のためにまとうヴェール―現代エジプトの女性とイスラーム』中央公論新社 2014年
・野中葉『インドネシアのムスリムファッション―なぜイスラームの女性たちのヴェールはカラフルになったのか』福村出版 2015年
・嶺崎寛子『イスラーム復興とジェンダー――現代エジプト社会を生きる女性たち』昭和堂 2015年

・ザヒア・スマイール・サルヒー編著（鷹木恵子他訳）『中東・北アフリカにおけるジェンダー――イスラーム社会のダイナミズムと多様性』明石書店 2012 年
・ズィーバー・ミール＝ホセイニー（山岸智子監訳）『イスラームとジェンダー：現代イランの宗教論争』明石書店 2004 年
・ライラ・アブー＝ルゴド編著（後藤絵美、竹村和朗 、千代崎美央、鳥山純子、宮原麻子訳）『「女性をつくりかえる」という思想―中東におけるフェミニズムと近代性』明石書店 2009 年
・ライラ・アハメド（林正雄・岡真理・本合陽・熊谷滋子・森野和弥訳）『イスラームにおける女性とジェンダー――近代論争の歴史的根源』法政大学出版局 2000 年
・服部美奈『ムスリマを育てる―インドネシアの女子教育』山川出版社 2015 年
・広河隆一『パレスチナ新版』岩波新書 2002 年
・奈良本英佑『君はパレスチナを知っているか―パレスチナの 100 年』ほるぷ出版 1997 年
・同『14 歳からのパレスチナ問題―これだけは知っておきたいパレスチナ・イスラエルの 120 年』合同出版 2017 年
・ヤコヴ・M・ラブキン（菅野賢治訳）『イスラエルとは何か』平凡社新書 2012 年
・平井文子『アラブ革命への視角―独裁政治、パレスチナ、ジェンダー』かもがわ出版 2012 年
・中西嘉宏『ロヒンギャ危機―「民族浄化」の真相』中公新書 2021 年
・鷹木恵子『チュニジア革命と民主化―人類学的プロセス・ドキュメンテーションの試み』明石書店 2016 年
・小林寧子「インドネシアのイスラーム伝統派の思想革新―アブドゥルラフマン・ワヒドの思想形成の軌跡」、小松久男・小杉泰編『現代イスラーム思想と政治運動』東京大学出版会 2003 年
・マララ・ユスフザイ出演デイヴィス・グッゲンハイム監督 DVD「わたしはマララ」20 世紀フォックス 2016 年
・宮田律『ナビラとマララ―「対テロ戦争」に巻き込まれた二人の少女』講談社 2017 年
・店田廣文『日本のモスク―滞日ムスリムの社会的活動』山川出版社 2015 年
・長沢栄治・栗田禎子編『中東と日本の針路―「安保法制」がもたらすもの』大月書店 2016 年

●写真協力●

P128　iStock.com/romrodinka
P130　iStock.com/afby71
P133　iStock.com/LP7
P142　ロイター / アフロ
P146・151（下）　AP/ アフロ
P151（上）　Press Association/ アフロ
P151（中）　ロイター / アフロ
P154　Al Jazeera America
P156　毎日新聞社 / アフロ
P159　Marina Militare/ ロイター / アフロ
P162　ロイター / アフロ

■ 監修者プロフィール ■

長沢栄治（ながさわ えいじ）

東京大学名誉教授。東京大学経済学部卒業、アジア経済研究所を経て、東京大学東洋文化研究所教授（2019 年退職）。専門は、中東地域研究・近代エジプト社会経済史。主著『近代エジプト家族の社会史』（東京大学出版会、2019 年)、『エジプトの自画像』（平凡社、2013 年)、『アラブ革命の遺産』（平凡社、2012 年)

■ 著者プロフィール ■

《第 1 部》 **後藤絵美（ごとう えみ）**

東京外国語大学 アジア・アフリカ言語文化研究所助教。イラン・テヘラン（1997-98 年）とエジプト・カイロ（2003-05 年）に留学したことをきっかけに、現代のイスラームに関心をもつ。主著『神のためにまとうヴェール―現代エジプトの女性とイスラーム』（中央公論新社、2014 年）

《第 2 部》 **鳥山純子（とりやま じゅんこ）**

立命館大学国際関係学部准教授。2015 年お茶の水女子大学より博士号（学術）取得。専門は、文化人類学、ジェンダー学。日常生活の地平に、中東を生きることについて研究する。主著「身に着ける歴史としてのファッション――個人史と社会史の交差に見るエジプト都市部の老齢ムスリマの衣服」(『世界史のなかの女性たち』水井万里子・杉浦未樹・伏見岳志・松井洋子編、勉誠出版、2015 年、244-256 頁)

《第 3 部》 **勝沼 聡（かつぬま さとし）**

東京大学大学院総合文化研究科地域文化研究専攻博士課程単位取得退学。博士（学術）。東京大学大学院人文社会系研究科特任研究員、早稲田大学イスラーム地域研究機構研究助手などを経て、現在、慶應義塾大学文学部准教授。専門はエジプトを中心とした近現代中東社会史。共著に『現代エジプトを知るための 60 章』（鈴木恵美編著、明石書店、2012 年）『現代アラブを知るための 56 章』（松本弘編著、明石書店、2013 年）など。

《第 4 部》 **平井文子（ひらい ふみこ）**

NPO 法人アジア・アフリカ研究所理事。早稲田大学第一文学部卒業。アジア・アフリカ語学院、白梅短期大学、法政大学、千葉大学、獨協大学で非常勤講師を歴任。2003 ～ 2004 年、日本学術振興会カイロ研究連絡センター長。専門は中東現代史、パレスチナ問題、ジェンダー研究。主著 『アラブ革命への視角―独裁政治、パレスチナ、ジェンダー』（かもがわ出版、2012 年）

編集・組版—大迫秀樹
イラスト　—岡部哲郎、ホンマヨウヘイ、おちあいけいこ、七園菜生
装画　　　—ナカニシ ヒカル
図版作成　—クリエイツかもがわ

13歳からのイスラーム

2021年5月1日　初版発行

監修者—長沢 栄治
発行者—竹村 正治
発行所—株式会社かもがわ出版
〒602-8119　京都市上京区出水通堀川西入亀屋町321
営業　TEL：075-432-2868　FAX：075-432-2869
振替　01010-5-12436
編集　TEL：075-432-2934　FAX：075-417-2114

印刷—シナノ書籍印刷株式会社

ISBN　978-4-7803-1157-0　C0022